做脊梁教育，育时代新人
北京市第二十中学的教育征程

陈恒华 ◎著

北京师范大学出版集团
BEIJING NORMAL UNIVERSITY PUBLISHING GROUP
北京师范大学出版社

图书在版编目（CIP）数据

做脊梁教育，育时代新人：北京市第二十中学的教育征程 / 陈恒华著. —— 北京：北京师范大学出版社，2023.10

（海淀教育名校名家丛书）

ISBN 978-7-303-29119-9

Ⅰ. ①做… Ⅱ. ①陈… Ⅲ. ①中学教育－教育研究－海淀区 Ⅳ. ① G632.0

中国国家版本馆 CIP 数据核字 (2023) 第 100760 号

图书意见反馈：gaozhifk@bnupg.com 010-58805079
营销中心电话：010-58802755　58800035
北师大出版社教师教育分社微信公众号　京师教师教育

出版发行：	北京师范大学出版社　www.bnupg.com
	北京市西城区新街口外大街 12-3 号
	邮政编码：100088
印　　刷：	鸿博睿特（天津）印刷科技有限公司
经　　销：	全国新华书店
开　　本：	787mm×1092mm　1/16
印　　张：	13.5
字　　数：	243 千字
版　　次：	2023 年 10 月第 1 版
印　　次：	2023 年 10 月第 1 次印刷
定　　价：	75.00 元

策划编辑：郭　翔　　　　　　责任编辑：孟　浩
美术编辑：陈　涛　焦　丽　　装帧设计：北京轻舟教育咨询有限公司
责任校对：陈　荟　　　　　　责任印制：马　浩

版权所有　侵权必究

反盗版、侵权举报电话：010-58800697
北京读者服务部电话：010-58808104
外埠邮购电话：010-58808083
本书如有印装质量问题，请与印制管理部联系调换
印制管理部电话：010-58805079

海淀教育名校名家丛书

主　　编：赵　欣

编　　委：（按姓氏笔画排序）

于　文　　于会祥　　马万成　　马志太　　马　佳
王　钢　　毛向军　　尹　超　　冯　华　　刘　畅
刘　燕　　刘可钦　　刘彭芝　　许培军　　李继英
杨　刚　　肖延红　　肖建国　　沈　军　　沈　杰
宋继东　　陈　进　　陈　姗　　陈恒华　　陈淑兰
范胜武　　郑佳珍　　郑瑞芳　　单晓梅　　赵璐玫
郭　涵　　曹雪梅　　窦桂梅　　戴文胜

本册作者：陈恒华

成长中的教育家

顾明远 题

总　序

《国家中长期教育改革和发展规划纲要(2010—2020年)》明确提出:"鼓励教师和校长在实践中大胆探索,创新教育思想、教育模式和教育方法,形成教学特色和办学风格,造就一批教育家,倡导教育家办学。大力表彰和宣传模范教师的先进事迹。"

为贯彻落实党的教育方针,"办让人民满意的教育",更好地总结、积淀、提升海淀区名校名家办学的先进理念,北京市海淀区教育工作委员会、北京师范大学出版社以海淀区名校、名校长教育教学改革成果及教育管理理念为基础,精心建设海淀区"名校名家"精品文库,就是现在呈现于读者眼前的这套"海淀教育名校名家丛书"。

这些学校,有的是著名大学的附属学校,有的是从延安过来的有着光荣革命传统的学校。但学校不是有一个什么名分就能成为名校的。这些学校有着悠久的历史传统,在历任校长、师生的共同耕耘下,办出特色、办出成绩,创造了新鲜的经验,在全国乃至国际上享有良好声誉,这才成为现在的名校。在创造名校的过程中,校长无疑起着不可替代的作用。作为优秀校长,他们用先进理念、以卓越的管理才能带领全校教师,为一个共同愿景而努力。本套丛书正是聚焦这样一批名校长,近距离观察他们是如何在教育海洋中破浪前进的。

这些校长个性迥异、各有经历，办学思路也不尽相同，但相同的是在各自的学校创造了一段教育的传奇。他们是所在名校的灵魂，他们的言传身教时时刻刻引领着教师和学生的发展。这些校长共有的特质是专业知识扎实，具有深厚的人文底蕴。他们具有炽热的教育情怀和教育激情；他们富有童心并热爱儿童；他们淡泊明志、宁静致远，以教书育人来体现他们的人生价值。

本套丛书并没有展现波澜壮阔的历史、恢宏博大的叙事，也没有解读深奥莫测的理论、长篇累牍的范例，而是讲述这些名校长在日常管理和教学方面的一件件小事，通过短篇故事的形式，娓娓道来，让读者去品味和欣赏。

在本套丛书里，我还看到了海淀教育趋于成形的大器，海淀教育秉承红色传统、金色品牌、绿色发展，坚持党的教育方针，以优秀传统为基础，以现代教育观念为先导，引领时代风气之先，坚持鲜明的价值追求，增强改革创新的意识，提升可持续发展的能力，从而涌现出一批各具特色的教育品牌。

解读海淀教育，形成海淀教育大印象，让海淀基础教育名校名家载入中国教育发展的史册。

是为序。

/ 前 言 /

守正拓新，笃行致远

我从教已经 20 多年了，从老校长那里接过了北京市第二十中学（简称二十中学）校长的接力棒已 10 多年了。从教历程正赶上我国改革开放的伟大时代，社会发生了翻天覆地的巨变。在"面向现代化，面向世界，面向未来"战略方针的指引下，国家教育制度在不断发展和完善，许多学校都在积极地探索教育改革和创新发展之路。担任校长以后，我经常思考教育问题的解决之道。有许多困惑和迷惘常常困扰着我，让我踟蹰难前，辗转反侧。

随着实践的积累和理论的学习，我对教育略有所悟：教育是一项古老的事业。翻阅那些闪耀着智慧光芒的经典文本，孔子、孟子……一位位往圣前贤提出了许多教育思想。这些思想穿越时空，至今依然照耀着我们，指引着我们，对新时代教育依然有着很大的影响。教育是一项崭新的事业。现在的教育面临新的挑战并肩负着更为崇高的使命。通过我们不断地对教育重新解读、建构、发展、创新，教育已成为推动社会文明进步的核心力量。

几千年来，教育中一些根本的东西越发凸显其价值。这些经得起时间磨砺的东西正是"教育之道"；而那些随着时间逐渐变化的是教育的内容和形式，即"教育之术"。如何在教育的发展中把握这种变和不变，正确地处理"道"与"术"的关系，正是每一个教育实践工作者最需解决的问题。

一、大道笃定：教育应立足于国家和民族的需要

学校教育不仅关乎个人的命运，还承载着国家的希望、民族的未来。新中国成立后，社会主义事业百废待兴。二十中学承载着新民主主义教育的希望，肩负着培养社会主义事业接班人和建设者的责任，应运而生。

我是在新中国的呵护下成长起来的，见证了祖国翻天覆地的变化。一代代学子孜孜不倦地学习知识和本领，前赴后继地投身到祖国的各项事业中，把我们的国家建设得如此繁荣昌盛。因此，新时代的教育要为民族富强、国家复兴贡献更大的力量。

教育者把握好、理解好教育的方向，才能在具体的实践中不犯错误或少走弯路，才能为学校教育掌舵护航，不至于偏离目标和方向。我在当校长以后时时牢记这样的使命。鲁迅先生说过，我们自古以来就有埋头苦干的人，有拼命硬干的人，有为民请命的人，有舍身求法的人，这就是中国的脊梁。我提出脊梁教育的理念，就是让每一个学生都能找到自己的人生坐标，找到实现自我价值的方向，勇于承担时代赋予的责任，为社会发展做出自己应有的贡献，成为推进时代发展的生力军。这样的人就是"中国脊梁"。

二、大德至善：教育应该为学生的幸福生活服务

教育是直接与生命对话的，是用生命影响生命的过程。我对教师讲：教育是个"危险"活儿，我们手中捧着的是学生的未来。全面实施素质教育，要求我们关注每一个个体，关注每个学生的全面发展，为学生的人生幸福和终身成长服务。

认真地对待每一个生命个体，让每一个生命都绽放光彩，是教育的大德。用市场价值去评判教育，去衡量教育的价值，是对学生不负责任的表现，是违背教育使命的。人的个性和能力是有差异的，人的发展也是有差异的。真正对学生的未来负责，就不能急功近利，就要尊重学生的差异，发掘学生的潜能。

当前推进育人方式的改革，就是要遵循教育规律，围绕凝聚人心、完善人格、开发人力、培养人才、造福人民的目标，促进每一个学生全面而有个性地成长。为了让每一个学生都能获得自身所希冀的学习方式，获得更多选择的机会，培养自主管理和主动发展的能力，学校成立了学生发展指导中心。围绕"教育为幸福人生奠基"的目标，学校通过品德教育、学业指导、生涯教育、生活教育和心理指导等工作，使学生的学习动力、发展潜能等多方面得到了很大的提升，实现了学生的自主发展、主动发展和健康成长。

教育的首要责任是教会学生做人，不仅要让学生学习知识和发展能力，还要培养学生的健全人格和远大志向。学校提出的"至诚至善，惟勤惟正"德育目标，就是让学生做完整的人、有德的人、自主自立的人。学校非常重视学生的全面发展，

提倡德智体美劳五育并举，多渠道提升学生的综合素养，以期给学生一个五彩斑斓的青春，从而为他们的未来发展和终身幸福奠定坚实的基础。

三、大爱至臻：教育者应该坚守教育的初心和恒心

教育家夏丏尊曾将教育里的爱比作池塘里的水，认为没有爱就没有教育。爱是教育的灵魂，没有对教育的爱、没有对学生的爱、没有对学校的爱，这样的教育是缺少灵魂的，更是难以为继的。我们每个教育者只有胸怀大爱，坚守作为教育者的初心和恒心，才能取得好的育人成效，才能得到社会的理解与尊重。

大爱，是每位师者的至臻追求。在前进的道路上，我一直致力于探寻和追求爱的教育，我也致力于将这种教育理念传递给身边的人。作为二十中学的教师，我希望大家做到三个"爱"：爱事业、爱学校、爱学生。

爱事业，就是要对教育这个工作有认同感和归属感。教师要认识到教育的意义和价值所在，愿意为之奋斗、为之奉献，从内心深处喜欢这项工作，忠诚于这项事业。

爱学校，就是教师真诚地爱学校，爱校如家，用心呵护这个家园。学校努力爱教师，为教师创造安心工作的环境和氛围。二者相互守护，缔结爱的共同体。

爱学生，就是要关注学生的成长，尊重学生的发展差异，发展学生的兴趣与特长。因材施教，用爱的教育去影响学生，为学生的成长和终身幸福奠基。

爱事业才能甘于奉献，才能"捧得一颗心来，不带半根草去"；爱学校是推动事业发展的具体途径，是实现教育理想的舞台；爱学生是做好教育的灵魂，是教师"晚眠早起"的根本动力。只有这样，教师才能担负起"立德树人，培育英才"的时代使命。

四、大象有形：学校应在变革中锤炼内涵品质

教育改革的深入推进对教师提出了许多新的要求。我常常在思考：如何转变教师的角色以适应社会发展对教师的要求？怎样才能找到教师转型的突破口？我认为校本科研是促进教师专业成长的关键。建构以实践为导向的校本科研体系，才能实现教师专业水平的持续提升。我们建立了"问题即课题，备课即研究"的研究模式，引导教师用研究的视角开展实践，在实践中提升理论修养。我们结合教师队伍的年龄结构和发展需求，构建了教师专业发展的"三大工程"，即"启航工程""青蓝工程"和"名师工程"，对不同成长阶段的教师开展针对性的专业校本培训，提升教师的

师德修养、专业思想和实践能力。校本培训激发、培养了教师的创新意识和改革热情，提升了教师的育人水平，使一大批青年教师成为新的骨干教师。

随着时代的发展，课程在育人中的重要地位越发凸显。什么样的课程才能适应时代的发展变化？我想新时代的课程要满足这样几个特征：为学生的全面发展服务、关注学生的个性差异和尊重个体需要、发展学生的核心素养。我们建构了"三层级五领域"的五彩课程，促进学生全面发展、学有所长，创设有利于引导学生主动发展的学习环境，从而使学生具有民族精神、担当品格、科学素养、人文气质、健康体魄。

课程的目标要通过课堂来实现。我们应该构建什么样的教学才能让课程落地，才能培养学生的核心素养？我想必须在课堂教学中深化教学方式的变革，才能真正培养出具有理想信念和社会责任感、科学文化素养和终身学习能力、自我发展能力和沟通能力的时代新人。我们提出了"目标引领，问题驱动，先学后教，交流提高"的教学模式，旨在帮助学生寻求获得知识与技能的方法，让学生学会学习。

二十中学的教育变革之路还延伸到智慧校园建设、集团化办学的探索、拔尖创新人才的培养等领域。走在基础教育改革的前沿，建设"首都一流、人民满意"的示范学校，已经成为全体教师共同的目标与行动。

站在美丽的校园中，我常常想是什么让这所拥有70多年岁月的学校依然朝气蓬勃、昂扬向上？是一代一代的园丁在这片热土上挥洒青春、接续奋斗；是"朝气、正气、志气"的拼搏精神在这里发扬光大、薪火相传；是几任校长在这里守正创新、开拓进取。这不正是脊梁精神的最好诠释吗？

陈顺华

2021年5月

目录 | 做脊梁教育 育时代新人
北京市第二十中学的教育征程

第一章　使命为魂，开启脊梁教育征程　　/001/

第一节　与新中国共同成长　　003
　　一、为新中国服务，为工农兵子弟服务　　003
　　二、办平民学校，育百姓子弟　　004
　　三、海淀区北部的教育明珠　　006

第二节　扬五彩青春，育中国脊梁　　008
　　一、为什么是脊梁教育？　　009
　　二、重构传统：扬五彩青春　　010
　　三、身正品端的集体风貌　　011

第三节　笃定方向，坚守初心　　013
　　一、我心向党　　013
　　二、我的青春，我的团　　022

第四节　和美净雅，润物细无声　　028
　　一、是花园，亦是乐园　　028
　　二、节约型校园：环境中的教育　　035

第二章　五育并举，培育中国脊梁　　/039/

第一节　以校为本构建五彩课程　　041
　　一、3L 课程层级：分层筑基，拔高能力　　041
　　二、5F 课程领域：成就全面发展的 21 世纪创新人才　　043
　　三、做个木匠：面向每一个学生的全体必修课　　045

四、拓展延伸课程：向梦想更远处漫溯　　046
　　五、探究创新课程：你有"超能力"，我有"大舞台"　　049

第二节　系好人生的第一粒扣子　　051
　　一、养成教育：立德树人从点滴做起　　051
　　二、学生发展指导：规划幸福人生　　060
　　三、让阳光洒满每颗童心　　069

第三节　科技为创新未来蓄能　　078
　　一、开学第一周：科技社团迎新纳秀　　078
　　二、"火星车"飞起来了：人人都是小设计师　　079
　　三、科技教育协作体：在科学家身边成长　　081
　　四、科技课程：助力学生全面而有个性的发展　　082
　　五、累累硕果：培育脊梁人才　　082
　　六、责任担当：举办科技活动辐射周边　　084

第四节　努力让学生爱上体育　　085
　　一、田径队——"二十中精神"的代言人　　086
　　二、"冠军培养"的历程　　086
　　三、校风的一半在操场，班风的一半在做操　　087
　　四、从"要我学"变成"我要学"　　089
　　五、课程是体育不竭的原动力　　090
　　六、"朝气、正气、志气"体育组的集体风貌　　091

第五节　全美育，让美无处不在　　093
　　一、一张20多年前的证书　　093
　　二、陶艺教室里的美好时光　　096
　　三、地下停车场变身记　　101
　　四、我要上"春晚"　　102

第三章　变革为纲，在求变中谋发展　　/109/

第一节　教师转型：建设教师成长共同体　　111
　　一、启航工程：青年教师的进阶之路　　111
　　二、青蓝工程：青出于蓝而胜于蓝　　113
　　三、名师工程：名师养成计划　　116

第二节　教学变革：目标引领，问题驱动　　120
　　一、教学在变革中追求完美　　120
　　二、教学方式变革激发学生的学习潜力　　121
　　三、思维培养是教学方式变革的核心　　123
　　四、目标引领，问题驱动，让课堂教学更有效　　125

第三节　教科研思变：创新教科研机制　　127
　　一、交好"微课题"这张"入场券"　　127
　　二、一件坚持做了多年的事情　　128
　　三、锤炼高阶科研能力的主阵地　　130
　　四、图书馆、专家指导——教师的最佳充电方式　　130
　　五、"踩"在前辈的"肩上"做科研　　131
　　六、当学校管理走上研究之路　　133

第四节　智慧森林：信息化融合为教育赋能　　134
　　一、超前规划，整体布局　　135
　　二、教学的智慧助手　　137
　　三、大数据让学生发展指导清晰、可量化　　141
　　四、管理效能的飞跃　　143

第五节　集团化发展：优化均衡配置教育资源　　145
　　一、二十中学附属实验学校：白纸绘出新蓝图　　146
　　二、新都校区："由弱变强"的蜕变之路　　167

附 录 /186/

文化传承与实践创新
　　——北京市第二十中学的办学实践研讨会讲话　　186
专家点评
钟秉林（教授、北京师范大学原校长）　　195
杨志成（教授、首都师范大学副校长）　　196

后 记 /199/

脊梁教育，铸就美好人生　　199

第一章

使命为魂，开启脊梁教育征程

新中国成立后，国家实行中国共产党领导下的民族的、科学的、大众的新民主教育，让所有的人都能接受教育，提高全社会的文化素质。为了满足当地老百姓对教育的需求，二十中学应运而生。70多年来，二十中学始终坚持为人民大众服务的宗旨，做平民学校，育百姓子弟。

社会的发展需要各种各样的劳动者，每个人的努力汇聚成推动整个社会前进的磅礴力量。教育就是要促进每一个学生发展，让每个学生都能够找到奉献社会、实现自我的方向。这样的人具有民族精神、家国情怀、担当品格，是推动社会发展的关键力量，这样的人就是中国脊梁。二十中学把培育"中国脊梁"作为育人目标，坚守为党育人、为国育才的使命，用生命谱写脊梁教育的篇章。

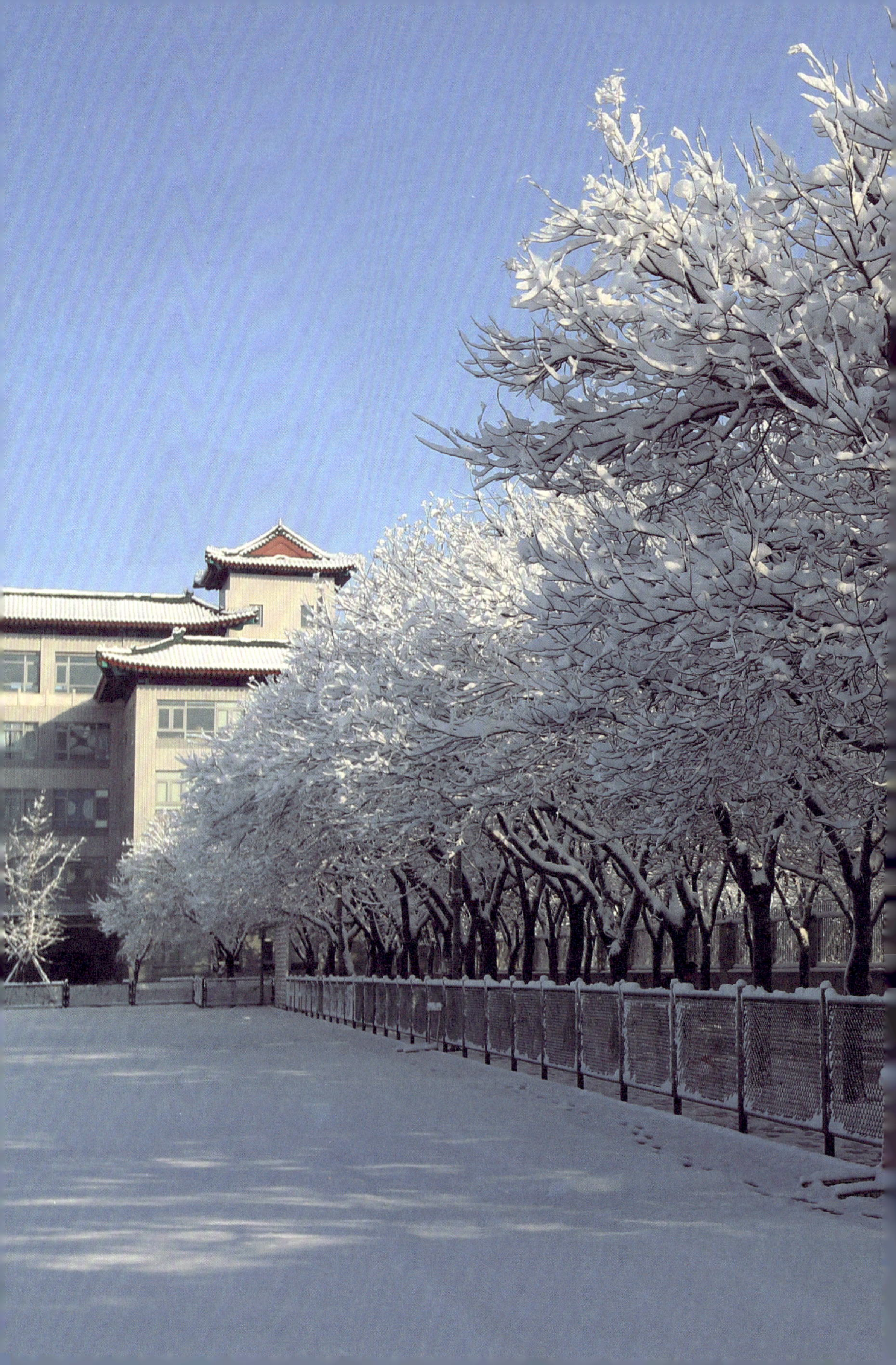

第一节　与新中国共同成长

1951年，刚刚成立的新中国百废待兴。为了让地处北京市西北郊的清河地区工农兵子弟学知识、学文化，更好地参与新中国建设，党和政府创办了清河地区的第一所中学——北京市第二十中学。在70多年的岁月里，二十中学与新中国共同成长，见证了国家基础教育的发展变革，也经历了由小到大、蜕变成长的革新历程。

一、为新中国服务，为工农兵子弟服务

新民主主义教育思想为近代中国开辟了一条人民教育的新路线，有力地推动了"新教育"的发展。中国共产党人怀着强烈的人民意识和民主精神，将劳动人民及子弟作为教育对象，以实现教育为人民大众服务的宗旨，通过"教育为公"达到"天下为公"，以"新教育"实现中国现代化。

二十中学正是在这种新民主主义教育思想孕育下诞生的。作为新中国成立不久就创办的学校，二十中学肩负着为首都北京培养"有社会主义觉悟的、有文化的劳动者"的使命，开启了"办人民教育"的探索之路。

现实的困难考验着创办者的信念和精神。清河地区社会发展落后，基础设施简陋。当地没有校舍、没有教师，如何办学？"没有条件，那就创造条件。"第一任校长张省三如是说。当时租用了清河镇上的一间酿酒作坊。简单布置后，作坊就变成了学校。从此，当地第一所中学的"清河中学班"开班了。

"多数学生的家离学校比较远，每日往返十几里地。部分学生吃住都在学校。所以教室利用率非常高。白天上课是教室，中午吃饭是食堂，晚上睡觉是宿舍。有时开大会，教室又成了礼堂。"第一届毕业生回忆当时的学习场景，感慨万千。

1952年新校舍建成后，学生才有了操场。当时学校的经费少、条件不好，像修操场、安篮球架、挖跳坑、修跑道等劳动多是学生利用体育课和课外活动时间，在体育教师的指导下自己动手完成的。校友回忆说："为了丰富业余文化生活，学

校还组织了篮球队、国乐队、美术组、合唱队、话剧组等，让每一个学生尽可能地提高本领和素质，成长为新中国建设的有用之才。"

学校条件虽然艰苦，但学生的学习热情和教师的工作热情都十分高涨。第一届高中生毕业时，考入大专院校的比例达到80%，大大地超过当时北京市高考录取比例。对于这样一所底子薄、条件差的学校来说，取得这样的育人成绩着实不易。这背后是教师的辛勤付出，更是劳动人民对新教育的渴望与珍惜。

为了搞好教学，教职工平时多住在学校，周末才回家。为了一个个渴望学习文化知识的学生，教师安心工作，勤勤恳恳，以讲政治、讲奉献的精神诠释着一个教育工作者的忠诚与教育情怀。

随着首都建设步伐的加快，学校规模不断扩大。1960年，学校增建了新校舍，办学条件日益改善。这足以说明政府对当地基础教育的重视程度，对办好人民教育的坚定态度。

经过10余年的建设，学校无论是办学规模还是办学质量都快速发展，成为清河地区的教育高地。一批批优秀毕业生从这里走入大学、走入社会，成为新中国建设的中坚力量。可以说学校出色地完成了为社会主义建设和民主社会改造培养人才的重要历史使命。

二、办平民学校，育百姓子弟

如果说建校初期的15年里，学校从无到有，为当地教育发展做出了突出贡献，那么接下来的10年可以说是历经考验的10年。学生、教师大量流失，办学条件被严重破坏，学校发展一度陷入困境。领导干部带领教师坚持教育的基本底线和原则，把握大局和方向，以对教育事业的忠诚和对学生的高度负责，使学校在困难中艰难地走了过来。

在这段时间，师生走入社会，深入基层，大力开展劳动教育，培育劳动技能。学生在"三夏""三秋"到农村参加劳动，平时经常到附近生产队帮工。在生产队的支持下，学校修建了有400米跑道的运动场。条件虽然简陋，但场地宽敞，为开展体育运动创造了良好的条件。学校还组织学生到附近的苗圃参加义务劳动，形成互联互帮机制。苗圃也帮助学校绿化，支援了学校大量树苗。校园广植杨柳，现存的那些高大的杨树就是当年苗圃赠送的。教师常常利用午休时间修剪树木，浇水松土，细心呵护树木生长。这也成为现在我们美丽校园中最美的一抹绿色。

如今每每看到这些草木，学校每一个人的内心深处总会油然而生无限的敬意。

1978年，党的十一届三中全会完成了党的思想路线、政治路线和组织路线的拨乱反正，迎来了改革开放的新时期。教育部门大力恢复教育秩序，正本清源，指导学校教育工作走上正轨。

此时，学校也迎来了第三任校长——马成营。马校长来到学校后，对全校师生庄严承诺，要给当地老百姓办出一所好的学校。在分析学校的发展状况后，马校长提出了"德育为首、全面发展、办有特色、争创一流"的办学理念，树立了"德育为首"的办学方针，坚持"为党育人、为国育才"的办学方向，把校风建设作为德育工作的重要抓手，落实教书育人。学校重视学生的政治思想教育，把"爱党、爱国、爱社会主义"作为校风建设的核心。学校充分利用圆明园、李大钊烈士陵园、香山植物园等教育资源，开展社会实践活动，升华学生的思想情感，引导学生树立为建设社会主义努力学习的志向。学校重视养成教育，培养学生良好的行为规范，把德育工作落到实处，探索形成了以"五鞠躬、五起立""轻声右行、双手递接""仪容仪表整洁得体"等为主要内容的养成教育课程。在育人实践中，学校总结提炼出了"三原则""四字方针""五育人"的德育工作模式，即德育工作要坚持激励的原则、身教的原则、参与开口的原则，勤、严、细、恒的四字方针以及目标育人、规范育人、活动育人、管理育人、环境育人，构建了全员德育、全程德育的育人体系。

另外，学校将教师队伍、办学条件、办学目标作为发展的突破口。首先，高度重视教师队伍师德建设，着力建设一支精神面貌好、敬业精神强、年龄结构合理的教师队伍，促进教学风气的转变。其次，不断改善办学条件，建设良好的校舍和校园环境，为提高育人质量和特色办学奠定物质基础。最后，树立全面发展、有特色的办学目标。学校把发展校风特色、体育特色、外语教育特色作为办学目标，培育办学的制高点。

学校的办学目标和办学理念不仅凝聚了人心，还极大地激励了教职员工的干劲和信心，彻底改变了"破""乱"的面貌。不仅早期的毕业生回校任教，许多优秀青年也纷纷加入了二十中学这个大家庭，教师队伍快速壮大。学校的办学热情也影响和感动着周边单位。大家纷纷伸出援手，帮助学校改善办学条件。为了给学校修葺围墙，周边的砖瓦厂免费送给学校砖头瓦块；驻区部队首长带领官兵到学校义务劳动，修整校舍和操场。

正是因为有了这种不畏艰难、不甘平庸的精神和干劲，学校再次快速发展起来，办学条件、校风、教育质量得到大幅提升。学校先后荣获全国贯彻体育条例先进单位、全国校园环境建设先进校、首都德育工作先进集体和北京市科技教育、艺术教育示范校等光荣称号。图1-1为2003年学校评估汇报会。2004年，学校被评为北京市示范高中，实现了从一所普通校到示范校的跨越。

图 1-1 2003 年学校评估汇报会

三、海淀区北部的教育明珠

进入 21 世纪，站在北京市示范高中新的历史起点上，学校如何传承和发展"争创一流"的办学精神成为创新发展的新使命。2006年,我从马成营校长手里接过接力棒,踏上了创新发展的新征程。我坚持并传承马校长提出的"德育为首""全面发展"的理念。德育为首是以培养社会主义事业建设者和接班人为育人目标,这是学校的初心;全面发展是培养人才的质量要求,要促进每个学生的身心得到全面、充分、和谐的发展,这是学校的使命。

我主张将德育特色和体育特色继续发扬光大,同时也在思考一个问题:随着社会的发展与进步,怎样才能发挥教育之于社会的适应性和超越性,培养时代需要的高素质的人才?这就需要在教育内容上持续不断地改革创新。

科学技术是当今推动社会进步的重要力量,科技素养是未来人才所必须具备的关键素养,更是我国走向民族复兴、国家富强的重要保障。我主张引领学校教师团队以科技课程开发为抓手,推进学校科技教育特色发展。

依托海淀区信息化产业的区位优势,学校积极开发利用地区的科技产业资源,并与一些信息科技企业公司展开合作,请工程师给学生介绍最新的科技产品、科技发明。学校通过这种紧密联系时代、联系生产实践的方式,激发学生探索科技奥秘的兴趣。学校不断丰富课程内容,构建了基础课程、兴趣拓展课程、能力提升课程三级课程体系。同时,学校把课堂内容拓展到课外,开展各类社团活动和科学研究,以此培养学生研究和解决真实问题的能力。学校通过翱翔计划、英才计划等培养科技人才的项目,让学生不仅学习一些理论课程,而且到大学实验室、国家实验室去做实验,走近科学家,体验科学的创新与研究。

同时,艺术教育上也大胆改革探索。学校不满足于国家规定艺术课程的开齐开足,更加注意学生艺术素养的培养以及创新精神和动手实践能力的培养。首先,理念定位上将艺术课程提升到以美育人、以美培元的高度;其次,坚持认为艺术教育不仅能提高审美能力,而且对综合素质的发展也有积极的促进作用。由此,学校提出了"发现美、认识美、创造美和传播美"的整体美育理念,并建设了艺术教育课程体系。

伴随着国家课程改革的推进,学校的发展更加重视内涵和品质,更加注重以人为本，更加尊重个性差异，由此形成了"以人为本，关注每一个学生，一切为了学生的发展和进步"的教育观和培养"志存高远、品学兼优、身心和谐、能力卓越"的学生的育人目标。学校期望培养的学生能够在学习实践中坚守理想和信念，成为一个敢担当、有作为的优秀人才，成为国家和社会的栋梁。

学校的教育坚持把学生的健康成长、价值实现和祖国的发展建设紧密结合起来，既要实现学生个人的理想追求，又要把这种追求与时代脉搏、国家命运相联系。学校的课程方案对新时期的学校使命做了这样的阐释：学校教育不仅要回应社会和国家的需要，也要发展受教育者的兴趣与特长。学生只有对现在的学校生活充满热情和兴趣，才可能积极地面对未来、憧憬未来。学生是在真实的生活体验中获得对未来生活的理解，从而学会学习，学会与他人沟通合作，学会安排未来的生活。因此，学生现在的生活感受、生活状态、生活环境决定他们未来生活的动力、奋斗的目标。学校教育要让每一个学生拥有一个五彩斑斓、健康充实的青春时代，在五彩缤纷的校园生活中树立积极的人生态度，成长为综合素质全面、个性凸显、学有专长的人。这样的人才是时代呼唤的人，能积极面对挑战，勇于承担历史使命。

在脊梁教育的引领下，经过全体教职工的拼搏努力，学校实现了跨越式发展，建设成一所风气好、环境美、教育质量高的现代化学校，被誉为"教育明珠"。

第二节　扬五彩青春，育中国脊梁

面对竞争日趋激烈与复杂的世界格局，教育事业不仅是提高人民综合素质、促进人的全面发展的重要途径，还是对实现民族复兴具有重要意义的伟大事业。加快推进教育现代化，建设教育强国，着力培养担当民族复兴大任的时代新人，是新时代教育的责任与使命。

面对教育发展的新形势、新任务，二十中人不断思考着学校应培养什么人、如何培养人。学校的根本任务是立德树人，应在继承优秀办学思想和传统的基础上不断改革创新，探索培养时代发展需要的优秀人才的教育。因此，在新时代，学校提出了建设"优质、和谐、创新"的首都一流示范学校的办学目标,以"扬五彩青春,做中国脊梁"为育人理念,以培养"志存高远、品学兼优、身心和谐、能力卓越"的学生为育人目标,促进每一个学生全面而有个性地成长,成为"有理想、勇担当、善作为"的中国脊梁,为实现中华民族伟大复兴做出新的贡献。

一、为什么是脊梁教育?

教育家陶行知提出大众教育,他说:"大众教育是大众自己的教育,是大众自己办的教育,是为大众谋福利除痛苦的教育。"这也成为新中国教育制度的核心思想。新中国成立后,我国推行新民主教育改革。其基本指导思想就是教育要面向大众、服务大众。

教育要促进每一个人的发展。而人的发展是有差异的,教育应该尊重人的发展的差异。在一个电视节目里,两个家长讨论学生的教育,他们怎样判断学生的教育好不好呢?一个家长认为学生上一所好学校,以后有一份好工作,工作后能有好的收入,这样的教育就是好的;反之则不好。以收入标准衡量教育的价值,是对生命的不尊重,背离了教育的根本目的,是一种危险的倾向。由于每个人的性格禀赋都是不同的,教育一定要建立在尊重人的差异性的基础上,因材施教,为每个人提供适合其成长进步的教育,促进每个人的发展。这才是教育应该坚守的。

教育要促进每一个学生的全面发展,而不是个别学生的个别发展。社会需要各种各样的人,既需要科学家、哲学家、文学家、军事家,也需要医生、教师……各行各业需要各种各样的人才,没有统一的标准。所以,做教育首先要对人才观有一个正确的认识:教育要面向大众;每一个人都应该接受教育,成为一个人格健全、兴趣高雅、行为文明、生活健康的人。教育的责任就是让每一个人都能找到自己发展的方向,找到自己实现自我价值的地方。这样每一个人自身的贡献和成就对社会发展就是有意义的。

学校通过脊梁教育来回答教育应该培养什么样的人和怎样培养人的问题。脊梁教育的本质就是让学生面向未来,在社会的各个领域积极发挥自己的作用。学生作为"脊梁",应该具备一些共同的特质,归结为九个字:"有理想、勇担当、善作为"。

有理想就是要基于自身发展,投身于为社会、为国家未来发展做贡献,有理想追求。

勇担当是脊梁教育的核心。教育培养人的一个很重要的内容是要让每一个人成为一个社会人。成为社会人就是要有一定的社会担当,脊梁教育就是要培养这种担当意识。

有了理想、有了担当,还要善作为。在自己的工作领域、职业领域,要有一番作为,要给社会做出贡献,实现自己的人生价值,才能堪称"脊梁"。

二、重构传统:扬五彩青春

脊梁教育实际是学校几十年办学实践过程中的一种演变、一种沉淀。

过去,在马校长的带领下,学校非常注重德育,尤其重视理想信念教育和品德养成教育,形成了一种优良的教育传统。

随着时代的发展,大家对德育内容提出了很多不同的意见。比如,在一定时期内,可能有些学校更关注学生能力的培养和发展,对于学生的理想信念思考得不多。

学校一直坚持这样一种传统的德育。比如,每年让学生去抗日战争纪念馆、李大钊烈士陵园、圆明园这些地方开展实践活动,接受爱国主义教育。

课程改革以来,教育内容极大地丰富了,很多教育内容有了创新。所以学校这样的教育开展这么多年,时效性到底如何,有待于二十中人反思和改进。

这些讨论引起了我和领导班子成员的思考:我们一直以来开展的教育的价值到底是什么?

我们需要反思过去的教育内容和活动的形式和要达成的教育目标之间到底是一种什么样的关系。第一,培养社会主义建设者和接班人是落实教育方针,但对于具体的教育实践而言,能不能把培养目标说得更具体一些?这样一个面向全国的教育方针,要想体现出来,其实是需要每所学校进行实践转化的。第二,到底通过什么方式来培养社会主义建设者和接班人？一所学校应该结合自己的实际情况，开展创新性的实践。学校坚持培养有担当的人。如何才能成为有担当的人？中学时期是人生青春年华最好的时候，也是播种理想的关键时期，是价值观形成的重要时期。所以学校提出"扬五彩青春"这样的育人理念，让学生拥有一个五彩斑斓的青春时代，赋予学生激情与梦想，让拼搏进取、锐意创新成为学生生命的底色。

从培养目标到培养途径，学校对办学传统做出了新的诠释。根据这个理念，学校建构了五彩课程体系。五彩课程体系把教育内容划分为五大领域。每个领域有对应的活动和学科，为学生提供了全面而有个性化的培养内容。

教育部发布了评价改革意见，公布了一所学校的评价案例，就是二十中学的案例。二十中学按照课程的五大领域特点来确定不同的评价方式。比如，人文与社会这个领域关注的是人文素养的提升，评价方式上更多关注学生参与，过程性评价所占比例更大。科学技术领域作品展示所占比例更大，以总结性评价为主导。二十中学根据每个领域的特点开展有针对性的评价，既符合学习内容的特点，又有利于促进学生核心素养的发展。

在脊梁教育理念的指导下，学校立足于传统，又不拘泥于传统，结合时代和社会发展的要求，积极改革探索，无论是教育内容还是教育途径都更加科学，也更加助推着办学质量的全面提升。

三、身正品端的集体风貌

通过开展脊梁教育，学生表现出的精神面貌和价值观念发生了变化。

无论是在校内还在社会当中，学生都表现出良好的德行。学校附近住着一位企业家，上下班路过学校门口时说："我特别观察了学校门口学生的言行，发现你们学校学生所表现出的这种气质和行为都是比较好的，说明你们学校的教育培养和引导是正确的。"

我认为在教育发展当中应该特别关注两个方面：第一，要关注教育方法，这是学生在学校健康成长的重要因素。第二，要注重对教育方向的把握。教育应该为社会主义现代化建设服务，为人民服务，必须与生产劳动和社会实践相结合，培养德智体美劳全面发展的社会主义建设者和接班人。这就是在强调教育的方向与途径。在教育改革中，有的时候存在重心摇摆的过程。只有兼顾到方法和方向，这样的教育才能致远。

学校提出脊梁教育，就是对教育方法和方向的一种实践表达。

学校的师生都崇尚奋斗，这是学校的校园文化。建校的时候，学校的办学基础比较薄弱，但是大家依靠艰苦奋斗，把一所学校建设成北京市示范高中。这样的奋斗精神也内化为二十中人的基因，传达了这样一种信息：只要努力奋斗，就一定能够发展进步，实现目标。

二十中人始终坚持依靠自己的力量，形成了一种务实的风气。只有实实在在地把工作做好，才能够推动学校的不断提升。

二十中人在建设发展的道路上始终保持着一种积极昂扬、乐观向上的态度。这种精神风貌也是学校能够不断发展的原动力。

"勤奋、求实、向上"校训（图1-2）是刻在学校骨子里的基因；"勇争第一、永不言弃"是这种基因的自然传承。在这种基因的影响下，学校的教育之路必将可期。

图1-2 "勤奋、求实、向上"校训

第三节 笃定方向，坚守初心

在前进的道路上，学校始终坚守初心，以办一所人民满意的学校为己任，齐心协力，众志成城；始终笃定方向，一心向党跟党走，以培养"中国脊梁"为目标，奋发图强，矢志不渝。

一、我心向党

在70年多的奋斗历程中，学校始终坚持党的正确领导，坚持社会主义办学方向，认真贯彻落实党的教育路线、方针和政策。学校党员教师充分发挥先锋模范作用，各支部充分发挥战斗堡垒作用，艰苦创业，薪火相传。经过70多年的努力，学校的办学条件、办学水平不断提高。学校的发展过程也是学校党组织的成长和奋斗历程。

（一）支部名称的变迁

党支部是党赖以存在、发展和完成使命的基础，是实现党的领导的基本保证；是党根据纲领和章程，按照民主集中制的原则，将全体党员组织起来的统一整体。严密完整的组织体系是提高党的创造力、凝聚力和战斗力的重要保证。

基础教育学校有其特点：一线教师在学生教育教学及常规管理方面，以年级组为单位开展工作，一般来说整体队伍相对稳定。最初，学校各年级支部的命名是这样的：七年级的就是七年级支部，八年级的就是八年级支部……一直到高三年级的高三支部。这样就存在一个问题：基本上是同一"阵容"的党员，特别是支部书记及支委，如今年在七年级支部，明年就在八年级支部，后年就在九年级支部。

按照组织要求，党组织的设置包括党组织的成立、调整、更名、撤销，以及与此相关联的产生方式、隶属关系、职数任期、内设机构、职责作用等是有严格规定的，是不能随意变更的。基层党组织3~5年进行一次改选。这就要求支部名称及支部党员要相对固定。

为了解决这个问题，使党员构成、支委构成基本相同的支部保持相对稳定，学校党委研究后，将年级支部分别命名为第一支部、第二支部等，保证年级升级支部名称不变。

但是这又出现了新问题：支部名称针对性不强，容易引起混乱。比如，初中第一支部可能是九年级，七年级却是初中第二支部……

学校党委经过认真思考，广泛征求意见，决定以"诚善""明德""弘毅""思齐"等名称命名年级支部。党员、支委每年升级，但所在支部就固定下来了，每三年一个轮回。每一学年开始，新的年级支部名称沿用原毕业年级支部。由于人员变化相对较多，在党委的统一领导下，初中党总支、高中党总支分别对这两个支部进行改选，成立新的支部委员会。其他支部根据情况进行补选，整体上三年进行一次改选。

看似简单的支部名称调整，带来很大的利好。弘毅支部副书记王瑞群老师说："我担任过多年党支部书记，我认为支部名称是支部建设的一部分，一个有力量、有目标、有方向的番号起着引领的重要作用。年级支部名称由原来的'第一党支部''第二党支部'……调整成'弘毅党支部''思齐党支部'等，一下子让我们有了深深的归属感。同时支部名称又赋予我们很强的使命感。以我所在的'弘毅支部'为例，弘毅，意思是说宽宏坚毅、刚强、勇毅，出自《论语·泰伯》。

支部名称的变更还解决了另外一个问题。党建平台管理员程磊老师说："原来新的学年到来时，面临各年级支部所有党员组织关系的变更。现在除了起始年级，其他支部变化不大，所以就轻松了很多，也规范了。"

（二）有温度的党组织

学校非常关心教师的身体健康，每年都组织教师体检。前几年，曹老师拿到体检报告后，为自己的体征异常忧心忡忡。学校党委及时掌握了这一消息。党委书记孙玉柱马上找曹老师谈心，了解他的身体健康情况和存在的困难，安抚和缓解曹老师的焦虑情绪，并积极帮助他联系相关医疗单位，嘱咐他及早就医。在曹老师做手术后，学校派主管干部到他家里，关心他的做手术和恢复情况，送去党组织的关心。曹老师非常感动，他说学校的关怀让他深切感受到了组织的温暖，待身体健康恢复后将积极投入工作，努力教书，全心育人。

当教师过生日、结婚、生育时，学校都会及时送上祝福和礼物。每年"三八"国际妇女节，学校都会组织活动，体现组织对这部分教师的关心关爱。

像这样的学校党组织关心群众的例子还有很多。学校党委畅通联系渠道，建立了支部信息联络群和工会信息报告群。每周汇集一次各年级、各处室教职工的情况，包括身体健康、生活困难、思想情绪等多方面信息，及时采取措施，解决教师存在的问题，送去组织的温暖。

同时，学校党委推行"谈心谈话"制度。除了经常性的谈心谈话外，党委还将谈心谈话定为每年6月的党建主题，开展广泛的干部同党员、党员之间、党员同群众之间的谈话活动。

学校党委经常保持与教师的沟通，倾听呼声，了解需求，听取意见，进行换位思考，想教师之所想，急教师之所急，让教师感受到与领导没有距离感，处处弥漫着浓浓的友情和亲情。学校党委及时对教师的思想状况进行调查分析，及时了解教师在思想、工作和生活中遇到的困难和问题，为教师解疑难、办实事，提升教师的职业幸福感，推动和谐校园建设。

（三）"接地气"的组织工作

为了加强组织建设的规范性，强化工作的规律性，学校党委在落实上级精神的基础上，结合学校特点拟定月度党建主题。比如，结合组织生活会、民主生活会开展批评和自我批评活动，将1月的党建主题定为"净化肌肤，保持活力——反思提升月"；结合"双节"慰问，将2月的党建主题定为"春季慰问、困难帮扶——送温暖活动月"；将3月定为"学习雷锋好榜样"；将4月定为"党员示范课，岗位展风采"；将5月定为"探寻红色足迹，激发育人活力"；将6月定为"知心的话儿向党说——谈心谈话活动"等。这样各位党员对组织活动就了然于胸，各支部也便于开展工作。

各支部依据党委的每月党建主题，在每学期开学第一周提交支部工作计划，涵盖支部建设、理论学习、组织活动、发展党员、岗位贡献等方面，将党委的党建主题贯彻落实。

学校党委强化支部的规范化管理，认真落实"三会一课"制度。每月第二周的星期二为各支部主题党日时间，旨在强化民主生活会和组织生活会管理。党委、党总支对活动的情况进行抽查，以提升常规管理效能。

经过一系列的规范化改革，学校党员认为党的工作思路清晰、务实、接地气，支部工作开展起来也更有实效。

（四）数学课飘出"思政味"

抓好学生的德育和思想政治工作，是中小学党组织的重要任务和使命。学校党委统筹推动思政课创新，通过系统的学科活动进行爱国主义教育，厚植爱党爱国基因。图1-3为党员示范课。

同时，学校党委深度挖掘其他课程蕴含的思想政治教育资源，协调好思政课与其他课程相互配合的问题，使各类课程与思政课同向同行，形成协同效应。

2019年11月，为深入贯彻落实习近平新时代中国特色社会主义思想，扎实开

图1-3　党员示范课

展"不忘初心、牢记使命"主题教育，海淀区教育委员会清河学区、二十中学联合组织开展了"不忘初心、牢记使命"主题教育党员示范课活动。中国教育电视台进行了现场采访，并进行了宣传报道。

在本次党员示范课活动中，优秀教师梁云志用先进的教学理念、独到的教学构思，把思想政治融入数学课，成为中学课堂"课程思政"的推动者和实践者。

这节具有"思政味"的数学课有什么特色呢？借助学校师生及学校领导的感受来了解一下。

嘉惠（九年级学生）：梁老师平时特别有包容心。然后在课堂上，梁老师能够引领我们自主学习。我们会运用三角函数相似等知识去测量国旗杆的高度，去测量建筑物的高度。梁老师把数学知识融入生活，引导我们更加热爱祖国、热爱党。

梁云志（主讲教师）：作为教师，我觉得不仅要把课教好，实际上也要在潜移默化当中通过自己的行为影响学生，包括对学生的指导、教会他们怎样做人和一些为人处世的方式。

全面推进课程思政建设，就是要寓价值观引导于知识传授和能力培养之中，帮助学生塑造正确的世界观、人生观、价值观。这是人才培养的应有之义。创新人才培养是全方位的，不仅是知识能力、思维能力提升，还是价值观引领、创新能力培养。在平时的教学中，我会结合教学内容设计一些爱国主义教育、学科素养培养活动。比如，通过测量国旗杆的高度培养爱国情怀和对国旗的尊重；通过对空调能耗的调查分析应用，培养节能意识；通过设计剪纸图案，感受传统文化的艺术美等。

本节课的教学主题是反比例函数复习。看似是数学复习教学，其实是在教学内容设计中注重学思结合、知行统一，增强学生勇于探索的创新精神、善于解决问题的实践能力，让学生"敢闯会创"，在亲身参与中增强创造意识；同样在数学课上落实课程思政建设。故而我在教学中不断追问，逐层递进，大胆把课堂交给学生展示，给予学生平等交流的机会，鼓励更多的学生呈现思考过程，在交流中学习提升。我在教学中注重引导学生多角度、多维度解决问题，通过课堂教学主渠道渗透社会主义核心价值观，激发学生的学习热情和发展学生勇于探究的学习品质，让学生将所学的知识进行多点组合，创造更多有价值的成果。

李久省（学校教师）：梁老师不仅教学生怎样思考问题，同时还教学生怎样去做人。

李立宁（学校教师）：在梁老师身上，我很好地看到了一点，就是习近平同志对我们说做一个"四有"好老师。梁老师很好地践行了这一点。

在我看来，"不忘初心、牢记使命"主题教育党员教师示范课活动的有效开展，不仅为党员教师发挥先锋模范作用提供了平台，又创造了互观互学、交流研讨的机会，更为其他教师的课堂教学起到了示范引领作用。

在这个课堂上，大家实际上在交流如何培养学生的核心素养，如何通过课堂来真正落实立德树人。通过这几年的实践，我们感觉到这个课堂的主渠道的作用发挥出来了，教学质量提高了。

（五）筑牢理想信念之基

学校党委每个月组织一次干部理论中心组学习。党员领导干部坚持个人自学与集中学习相结合，主动落实中心组学习的同时，还积极参加所在支部的理论学习。

"学习强国"学习平台是贯彻落实习近平同志关于加强学习、建设学习大国重要指示精神、推动全党大学习的有力抓手。学校党委非常重视这一平台，每周统计一次学习积分并进行公示。每年总结一次，并对学习先进党支部和个人进行表彰。

为缅怀革命前辈的光辉业绩，追寻红色足迹，继承先辈的光荣传统和革命精神，不忘初心、牢记使命，把对祖国的无限热爱转化为干事创新的巨大动力，以饱满的精神状态和务实的工作作风踏踏实实做好本职工作，承担起时代赋予我们的职责和使命，学校先后组织教师去上海、延安、西柏坡、井冈山等革命圣地参观学习。在中共一大会址里、在延安杨家岭窑洞边、在西柏坡党的七届二中全会旧址、在井冈山黄洋界纪念碑前……党员教师仿佛回到了那些艰苦卓绝的斗争岁月：革命前辈为了人民大众的翻身解放、为了祖国的独立富强，前赴后继，不惜抛头颅洒热血；他们坚定不移的革命信仰强化了党员教师的党性意识。党员践行党的承诺，永葆攻坚克难的勇气，坚定了教育报国的信念。

语文特级教师兰瑞平参观革命圣地后颇有感想，写下了以下诗篇。

谒中共一大故址

求真故址捧心瞻，肃穆虔诚聚雅谈。

中共救民从此始，乾坤扭转九州欢。

此生有幸临圣地，坚定信仰破云天。

天涯海角皆春意，马列主义天下传。

拜谒先烈

井冈陵墓万古存，烈士生灵铸朝今。

举世倾心红色地，革命摇篮固风云。

拜谒延安

金秋十月延安行，国庆披星赶路程。

耳顺古稀未道苦，知命不惑紧随跟。

午刻近览窑堡洞，申时远观杨家岭。

延水淙淙迎京客，巍峨宝塔气象新。

当时为了积极响应"不忘初心、牢记使命"主题教育，学校党委还组织党员教师前往天津市蓟州区盘山开展庆祝建党九十八周年主题教育实践活动。在纪念馆会议厅，全体党员参加了纪念建党九十八周年暨创先争优表彰大会。学校邀请老红军介绍了革命烈士包森同志的感人事迹。学校还组织党员教师参观香山革命纪念馆。全体党员教师勇担教育重任，以英雄的精神为楷模，永葆共产党员的先进性，以更加强烈的历史使命感和政治责任感投入本职工作。

(六)"来时的路"——一位青年教师的成长

"老师您好,我是毕业于首都师范大学思想政治教育师范专业的徐琳琳,这是我的简历……"回忆起毕业那年的夏天,徐琳琳老师还对刚刚投递出人生第一份简历的情景印象深刻。没错!她人生的第一份简历投递给了她身下这片土地——北京市第二十中学。

5个教学班外加班主任的工作让她在入职之初确实有点战战兢兢、如履薄冰。还好学校有"启航工程"。师徒结对后,她的两位师父——班主任师父和学科师父,都是有10多年党龄的老党员,都是管理和教学的能手,在职业道德、教学方法、管理学生等方面都毫无保留地给了她许多的指导和帮助,真正发挥了"传、帮、带"的作用,使她在"手忙脚乱"的9月站稳了脚跟,并在教育教学上获得了较大的提升。

徐老师说,作为成长路上的新班主任,总有手足无措的时候,总有毫无头绪的时候。她的班主任师父陈其龙老师总能及时出现在她的身旁,第一时间帮她指出问题、分析问题,帮她跨过每道"坎"。陈老师常主动询问她的班级管理情况,并且传授她师生、生生、家校等矛盾关系的应对办法,夯实并拓宽了她的班级管理思路。连强老师是她的学科师父,连老师几年前的话仍萦绕于徐老师的心中:"我们的教学就是一场教育的旅程,是一个灵魂唤醒另一个灵魂的过程,愿我们成为幸福的教师。"每次听连老师讲课,徐老师都觉得是一种享受。连老师娓娓道来,让德育的种子深深种在学生的心田,真正做到了触动学生的灵魂。她就像是一个大姐姐,与徐老师亦师亦友、共同成长。

入职以来,徐老师在"启航工程"中站稳了脚跟,在"青蓝工程"中逐渐成熟,积累了很多教育教学心得,对待各项工作也不再畏首畏尾、毫无头绪,已经成长为教育教学骨干,并被学校委以年级主任的重任。

徐老师说她的成长受到过党组织、太多教师对她的帮助。总有教师夸她从容,其实她内心也会慌张,源头是对自己的不自信。初中党总支书记、主管校长宋诗伟看出了她的负担,接连找她谈心,甚至和她分享他当年的成长史,并鼓励她年轻时就应该敢拼、敢闯、敢承担……长时间耐心柔和的话语逐渐抚平了徐老师焦虑的内心，让她有信心奋勇前行。

学校还非常关心徐老师的政治思想进步情况。年级支部书记多次找她谈心谈话，引领她向党看齐、向组织靠拢，了解她的思想动态，肯定她的成绩，指出她的不足，引领她进一步发展。她也逐步认识到，只有专业成熟还不能算一位优秀的人民教师，还要做到思想成熟；特别是作为一位思政课教师，更应该具有较高的政治觉悟。

办好人民满意的教育，要依靠广大教师的辛苦奋斗，更需要骨干教师和广大党员的引领。学校党委坚持党管人才原则，认真落实"双培养"，加强干部教师队伍建设，重视培养中青年干部和骨干教师。经过长期的不懈努力，学校人才队伍建设成效逐渐显露。现在学校已有正高级教师3名，特级教师8名，市级学科带头人1名，市级骨干教师9名，区级学科带头人26名，区级骨干教师32名，区级班主任带头人4名，其他学科带头人和骨干教师3名，为落实"为党育人、为国育才"使命奠定了坚实的基础。图1-4为教师授课场景。

由于长期以来学校党委的坚强领导，学校党建工作取得明显成效，学校办学质量稳步提升，"脊梁教育"取得一个又一个辉煌成果，学校党委也多次被评为先进基层党组织。

图1-4　教师授课场景

二、我的青春，我的团

学校有这样一个组织，爱传统也爱创新，爱团结也爱自由，爱拼搏也爱奉献。这个组织怀着对教育事业的热爱，开展了各式各样的青春向上、创意无限而又富有教育意义的活动。学生希望通过自己的努力，"让年轻的精彩绽放，让青春的梦想飞扬"。这个组织有一个响亮的名字——共青团。

（一）不平凡的一天

"五四"青年节是团委组织的较为盛大的活动之一。"五四"表彰大会上的"十佳团员""十佳团干部"和"十佳学生干部"，可是学生选出来的榜样。从3月开始，各班推选出的候选人就通过海报以及遍布学校各处的电子屏幕进行宣传。"五四"嘉年华的活动上，候选人在操场上进行自我展示。选举方式更是彰显了广泛的民主性。全校每一位学生在统一时间通过校园网络平台进行选举，为心目中有资格获得"十佳"的候选人投上宝贵的一票。各位"十佳"学生在大家心目中的地位绝对是不容怀疑的！

2020年6月1日，学生经历了几个月的居家学习，终于迎来了盼望已久的开学。开学以后，校团委着手的第一项工作就是给学生筹备一场"迟到"的"五四"表彰大会。每一年的"五四"表彰大会都有每一年的教育主题。而2020年必定是对抗疫精神的弘扬。这次表彰大会上特别增加了对"抗疫之星"的表彰。

"十佳学习标兵"悦佳同学经常问自己："我的梦想是什么？"她觉得心怀梦想，定能照亮前行的方向。在学习中，悦佳同学始终坚信"道阻且长，行则将至"，只要坚持前进，为自己的梦想而不懈努力，定能到达终点。她深知现在走的每一步路、看的每一处景，都是通向未来的礼物。不积跬步无以至千里，她脚踏实地，走好青春的每一步。在课上，她积极思考，认真记笔记，遇到不懂的问题便及时向同学和教师请教；在课下，她积极为同学答疑解惑。

悦佳同学开始仔细思考自己的梦想。当她看到新闻工作者冲到一线，第一时间记录疫情、与时间赛跑时，她的梦想突然变得更加清晰，内心有一个声音在告诉自己："我想做一位新闻工作者，为了记录真相，为了更好地为大众服务。"

她从来没有比此刻更明确地知道自己的梦想。她将自己个人的梦想和祖国的梦想联系起来，她意识到自己身上肩负的责任和使命。她不再是那个14岁的少年，而是未来与千万同胞撑起中国脊梁的中华儿女。

在疫情期间，逸菲、元喆、静瑶、小策、彦扬5位同学还代表学校参加了由中国宋庆龄青少年科技文化交流中心主办的"美美与共，患难与共——童心相通守望相助，五洲四海共克时艰"活动。他们与来自北京市17所中小学的学生一起，为在疫情中与中国相互帮助、相互支持的俄罗斯、克罗地亚、伊朗、日本、巴基斯坦等17个国家的学生写信和录制视频，表达慰问、支持之意。他们把书信编制成沙画，以视频形式送达各国家驻华使馆和中国驻各国使馆。学生致意大利小朋友的信在中国驻意大利使馆网站发布后，获得极大关注和热烈反馈，为中意人民友谊做出了贡献！人类是命运共同体，中国在疫情期间勇担责任，贡献力量，尽显大国风范，而中国力量更是青年人的力量。

（二）西柏坡——从未失约的旅程

从2002年开始，党校学员都会奔赴同一个目的地——西柏坡。这个位于河北省石家庄市平山县中部的小山村，曾是中共中央所在地。党中央和毛泽东同志在此指挥了决定解放战争走向的辽沈、淮海、平津三大战役，召开了具有伟大历史意义的党的七届二中全会和全国土地会议。故西柏坡有"新中国从这里走来""中国命运定于此村"的美誉。党校学员在经历了一学年的校内学习后，来到这里进行了实践课程部分的学习。毛泽东用过的转椅，周恩来用过的办公桌，董必武用过的华北详图……从西柏坡纪念馆、毛泽东旧居到中央军委作战室、党的七届二中全会旧址，在一幅幅图片、一件件文物前，党校学员认真聆听工作人员的讲解。他们每次都怀着崇敬之心来，带着许多思考走。每一届党校学员来到西柏坡革命圣地，都接受了精神上、思想上的洗礼，都能受到一次党的性质和宗旨的生动教育，因为历史是最好的教科书。对于学生来说，中国革命历史是最好的营养剂。多重温这些伟大历史，心中就会增加很多正能量。在党的七届二中全会上，毛泽东同志指出，夺取全国胜利，这只是万里长征走完了第一步；革命以后的路程更长，工作更伟大、更艰苦；因此务必使同志们继续地保持谦虚、谨慎、不骄不躁的作风，务必使同志们继续地保持艰苦奋斗的作风。党校学员在这里体会谦虚谨慎、艰苦奋斗的精神，这也给他们未来道路上面对新问题和挑战时在自身发展方面提出警示。

党校学员冯子健同学在党校毕业的学习心得中说出如下感受。

两年前的我，带着对先进思想的追寻和对进步的渴望来到党校学习，学习中国共产党带领广大人民艰苦抗争的奋斗历程。多少革命先烈为争取民族独立而不惜抛头颅、洒热血，为了心中这坚定不移的理想——建设一个富强民主的新中国。通过党校的学习，我深入学习了社会主义核心价值体系，认识到它对于国家、社会、个人发展的宝贵价值，并同学员相互交流思想、相互学习。思维碰撞而出的火花闪耀着青年人应有的青春正能量。在与"五四"奖章获得者面对面交流后，我更坚定了为祖国繁荣发展贡献力量的人生理想，也要和他们一样不懈奋斗，做时代的先行者。如今，我们已经告别了天真懵懂的少年时代，真正成长为一名富有朝气的青年人。不同时代的青年人有着不同的时代气息，但不变的是我们一代代青年人期盼祖国更加繁荣富强的激情和理想。青年是民族未来的希望，是国家前途的希望。作为新一代青年人，我们有着建设繁荣富强国家的远大理想和重大责任。未来祖国建设的命运掌握在我们的手上。中华民族从没有像今天一样如此接近伟大复兴的梦想。作为新时代的青年人，我们理应肩负起时代赋予我们的这一神圣使命，用我们的理想充实中国梦，用奋斗书写人生最华美的篇章！

中学时期是人的世界观、人生观、价值观形成的关键时期，也正是习近平同志所讲的扣好人生第一粒扣子的时期。习近平同志从党和国家工作大局、我国青年运动的时代主题出发，强调共青团的工作要把握住根本任务、政治责任、工作主线三个根本性问题。培养社会主义建设者和接班人是共青团工作的根本任务,引导广大青年牢固树立为实现中华民族伟大复兴而奋斗的远大理想;坚持巩固和扩大党执政的青年群众基础是共青团工作的政治责任,通过先进的思想、扎实的作风、热诚的服务,把青年学生聚集在党的周围;围绕中心、服务大局是共青团的工作主线,紧紧围绕学校党政工作大局,找准工作的切入点、结合点和着力点。

党校的大门向每一个追求进步、要求上进的有志青年敞开。图 1-5 为党校社会实践活动。中学时期树立正确的理想信念对学生未来的成长至关重要。而党校的学习则会帮助学生对理想信念进行深刻的思考并做出正确的选择。党校是青年学生学习党的知识的阵地,是传递党的声音的桥梁,是孕育热爱党的感情、追随党的愿望的土壤,是培养青年马克思主义者的摇篮。当下,我国党的事业需要青年一代积极参与建设。这特别需要学生具备强烈的社会责任感和时代使命感,有较强的为社会、为他人服务的奉献精神。参加党校的学习,在其中受到党的基本知识的教育,正是学生漫长人生旅途中的重要一步。每一批党校学员通过对党的知识的深入学习,都能更加全面地认识中国共产党的历史、现实和未来,为实现中华民族伟大复兴的中

图 1-5 党校社会实践活动

国梦而努力奋斗！

党校学习内容分为理论学习和实践活动两部分。理论学习包括：中国共产党的历史、性质、任务、奋斗目标；共产党员的人格和青年人的追求；理想创造未来，信念支撑人生，明确入党动机，以实际行动争取入党等。学校还会邀请已毕业的学生党员返校与大家进行面对面的交流，解

图1-6 党校理论学习活动

答大家的一些问题。图1-6为党校理论学习活动。实践活动包括：利用假期，以小组为单位进行"四访四论"，即访革命家，追寻伟人足迹，论证"只有共产党才能救中国"；访改革家，了解创业史，论证"只有社会主义才能发展中国"；访科学家，探寻其成才史，论证"科技是社会进步的不竭动力"；访优秀共产党员，论证"全心全意为人民服务是共产党员的宗旨"。在西柏坡博物馆内举行的结业仪式上，很多党校学员都向党组织递交了入党申请书。学生在追求理想信念的征途上迈出了坚实的一步，越来越多优秀的学生将会站在光辉的党旗下。

（三）操场上盛开的"巨型"花朵

说到节日，如端午节、清明节、重阳节等，校团委都会马不停蹄地忙碌着；不得不提的还有庆祝教师节的活动。教师节当天的课间操时间，一个接一个的惊喜献给教师。每年的活动策划都有新意。有时操场变成一个大花坛。学生组成的巨型花

朵在操场中绽放，教师是那伫立在中间的花蕊，寓意着教师用辛勤的汗水浇灌着祖国的花朵。感动的神情在每一位教师的眼中流露。有时学生还会为每位教师送上专属的漫画头像和贺卡祝福；为每位教师送上鲜艳的大红花。或是教师走过尊师门，走上红地毯，所有学生一起行传统的鞠躬礼。当活动进行到最后时，能从教师的笑容里读到他们作为教师的幸福与感动，从学生的神情里读到他们对教师的感恩与敬意。

校团委的每一个活动都追求有意义、有意思，只有这样才能将我们的价值观传递给学生。每年的中考、高考前，校团委都利用课间操时间为学生送去祝福，依然是每年诚意满满，充满温暖与感动。

除此以外，校团委还提供向日葵爱心基金，资助家庭困难的学生，帮助突患大病的学生；通过教师和学生的主动捐款奠定了爱心基金会的资金基础；举办爱心义卖跳蚤市场活动，将收入的一部分作为爱心基金。除此以外，向日葵爱心水站也是资金的来源之一。向日葵爱心水站每卖出一瓶水就相当于把 0.1 元钱作为爱心基金，既培养了学生的诚信意识，也使学生奉献了自己的爱心。图1-7为学校开展节日活动。

图1-7 学校开展节日活动

为了张扬学生的个性，放飞学生的青春梦想，校团委还定期举办了很多活动，如"青春榜样进校园，我与名人名家面对面"活动，将社会各界的优秀代表请进校园。学生的参与度极高，从优秀代表身上汲取知识和力量，受益颇多。

为了让年轻的生命精彩绽放，让青春的梦想尽情飞翔，校团委让学生在各项活动中充分展现自我，尽情绽放美丽的青春之花！

第四节　和美净雅，润物细无声

走进校园，仿佛置身于古代庭院。一阵古朴的气息扑面而来，顶楼飞檐翘角，蕴含几多雅韵，几多庄重，让人流连忘返。

高尔基指出："一个美的教育环境，对于学生来说是一个立体的、多彩的、富有创造力和吸引力的无声教科书。"正如衣着风格体现了一个人的品位，建筑风格则展现了一所学校的格调。

漫步校园，青额白壁的中式楼宇，错落有致的亭台水榭，别出心裁的景观设计……显示出一派和美净雅的育人氛围。三三两两的学子或伫立在校训碑前，默念"勤奋、求实、向上"六字校训，体悟着其中的内涵；或在雷锋像前注目，领悟着"做一颗永不生锈的螺丝钉"的雷锋精神……学校高度重视环境育人，在环境建设中渗透传统文化、理想信念和环保节约等育人理念。每天学生在长廊里、凉亭旁、水池边读书、谈心，构成"于无声处育心灵"的校园景致，传递着尊师重道和诚勤善正的人格品质。

一、是花园，亦是乐园

作为一所北京市花园式学校，学校的体育场、综合楼、实验楼、图书楼……处处都充满学生的琅琅读书声和欢歌笑语声；尊师阁、校训碑、校友亭、军民友谊亭……每个角落都代表着一种精神的符号，默默地传承着二十中人尊师重教的精神。

（一）庭院深深古韵浓

现在学校主要由初中部教学楼、高中部教学楼、图书楼、实验楼、综合楼、艺术中心六座主要建筑构成。这六座建筑从1952年开始建设，经历了多次的扩建、修缮才有了现在的样子。

校园建筑的主体布局为中国古代庭院建筑，分为前院、中院和后院。校园庭院体现着二十中人的拼搏奋斗精神，表达着对教育事业的忠诚和梦想，表达着对知识的敬畏、对教师的尊敬。青额白壁、釉瓦瓷砖掩映在苍松翠柏、白杨垂柳之间，显得格外古朴端庄。

校园甬道，左右旁通，从前院到后院，俨然呈现着传统社会"长幼尊卑有序""内外有别"的精神意志，蕴含着二十中人"体现尊卑""调和关系"的儒家礼乐思想，也体现着道家"敬畏自然""天人合一"的和谐状态。校园庭院不仅能升华师生之间的关系，而且能促成师生自然对话，二者相得益彰。

走进校园，首先映入眼帘的是一条种满白杨树的甬道。每到夏天，绿树成荫，刚刚走进校园就会感受到静谧祥和的气氛。穿过白杨树甬道，正对面就是初中部教学楼，也是学校建设较早的建筑之一。值得一提的是，整栋建筑是建国初期由建筑人民大会堂等的建筑余料修建而成的，它体现了中国人民艰苦朴素的奋斗精神。高中部教学楼是2011年重新修缮改造的。教学楼大门古朴的青额白壁、釉瓦瓷砖和教学楼内部的现代化设计"混搭"，显得格外古雅别致、韵味十足。图1-8为校园建筑。

（二）"脊梁"人物树丰碑

正所谓"心如水之源，源清则流清，心正则事正。"在以"扬五彩青春，做中国脊梁"理念的指导下，学校在关注学生的知识学习的同时，更加注重学生的"三观"教育、养成教育。因此，校园内随处可见的景观，都在传达着学校"脊梁教育"的精神内核。

位于学校主路上的校训碑镌刻的"勤奋、求实、向上"六个大字，是学校的灵魂。它体现着学校的办学传统，代表着校园文化和教育理念，是人文精神的高度凝练，是学校历史和文化的积淀。学校的校训"勤奋、求实、向上"这看似简单的六个字，是打开学校历史文化之门的一把金钥匙，是观察二十中人精神家园的一扇窗

图1-8 校园建筑

户。它作为一个标尺，激励和劝勉二十中人工作、学习要勤劳不懈，思想上要切实求真，行动上努力进取、积极向上。

周恩来同志曾把雷锋精神概括为"爱憎分明的阶级立场、言行一致的革命精神、公而忘私的共产主义风格、奋不顾身的无产阶级斗志"。岁月更替、时代变迁，现在雷锋精神的内涵更加丰富，但其内核永恒不变。这种无私奉献的精神需要新时代青年一代一代地传承下去。为了更好地传承雷锋精神，学校修建了雷锋雕像（图1-9），上面镌刻着毛泽东同志题的"向雷锋同志学习"的镀金大字。伫立在玫瑰花坛中的雷锋像，时刻都在教育引导二十中人要干一行、爱一行、钻一行，做雷锋精神的继承者、践行者、传播者，坚守初心使命、勇挑时代重担，接续书写新时代的"雷锋故事"。

图 1-9 雷锋雕像

习近平同志指出，在实现中华民族伟大复兴的新征程上，应对重大挑战、抵御重大风险、克服重大阻力、解决重大矛盾，迫切需要迎难而上、挺身而出的担当精神。"担当"是新时代年轻人需要具备的优良品质。革命先烈李大钊"勇往奋进以赴之""殚精瘁力以成之""断头流血以从之"很好地诠释了一个革命家对于一个国家、一个民族的担当。在初中部教学楼后的李大钊像与正对面鲜艳的五星红旗遥相呼应，诉说着中国共产党人面对民族危难，不怕流血牺牲，用血肉之躯解救中国人民于水火的历史。它时刻提醒学生要担当起该担当的责任，努力成为中国的脊梁。图1-10为李大钊和马永顺的雕像。

图1-10 李大钊和马永顺的雕像

无论什么时候，建功立业、书写历史、创造奇迹、实现梦想，都离不开勤勤恳恳的付出和兢兢业业的投入。这就需要我们发扬奋斗的精神，驰而不息，久久为功。坐落在尊师阁左侧的马永顺像，正在诉说着马永顺是如何艰苦奋斗、无私奉献的故事。他化作一面旗帜，不断激励着师生。

这些先进人物代表的精神不仅激励着学生以一种坚韧的态度去面对困难，同时也在让教师以一种更加昂扬的姿态去教书育人。

（三）尊师即尊道，师尊则道兴

《学记》云："凡学之道，严师为难。师严然后道尊，道尊然后民知敬学。"尊师重道一直是中华民族的传统美德之一。为了弘扬这一美德，学校于1995年修建了尊师阁。此阁白墙绿瓦，雕梁画栋，四面三层四重檐，彰显庄严、庄重。它不仅在建筑风格上继续保持学校古朴典雅的气质，而且在设计理念上更是煞费苦心。尊师阁有九级台阶，每级25厘米，代表教师的社会地位，象征学校尊师重教的浓厚氛围。层层石台阶代表着求学的路程是艰辛的，表达着教师与学生脚踏实地、步步攀升的寓意。尊师阁居高临下，是一个视野开阔又富含尊师之意的圣地。

全国政协原副主席赵朴初先生曾在这里题下碑文。

金缕曲·敬献人民教师

不用天边觅，论英雄，教师队里，眼前便是。

历尽艰难曾不悔，只是许身孺子，堪回首十年往事。

无怨无尤吞折齿，捧丹心默向红旗祭，忠与爱，无伦比。

幼苗茁长园丁喜，几人知？平时辛苦，晚眠早起。

燥湿寒温荣与悴，都在心头眼底，费尽千方百计。

他日良材承大厦，赖今朝血汗番番滴，光和热，无穷际。

这首诗传达了教师务实进取、不畏艰难、呕心沥血只为他日育栋梁的精神，勉励并督促每一位新教师修身立德、敬业奉献；也使学生认识到，尊师重教是在我国延续了几千年的传统美德，要牢记古训，用实际行动将尊师重道这一传统继承和发扬光大。

登高如是，为师亦如是。"至诚至善，惟勤惟正。"学校的新教师心潮翻涌，感慨良多，誓言在耳，责任在心。以今日为起点，新教师目之所视，心之所念，都是莘莘学子。他们将为党和人民的教育事业、为每一位学生的健康成长奋斗终身！

尊师阁（图1-11）作为学校爱国教育基地，于2020年被评为海淀区爱国主义教育基地。学校依托尊师重教的文化传统，深入加强理想信念教育，坚持每年为学校及周边中小学生开设尊师重教传承讲座和学生思想教育专题报告，积极传承世代不息的尊师精神，以此提升学生的思想境界。

图 1-11 尊师阁

（四）友谊广场：见证军民一家亲

校园内有一座特殊的建筑——军民友谊亭，它位于友谊广场（图 1-12）。顾名思义，军民友谊亭是军民友谊的见证。

故事要回溯到学校建校之初。1951 年，学校创建时并没有一个真正的教室，更别提校园了，教室是租用的厂房。1952 年，张省三出任校长时才开始正式建校舍。中间历经 20 余年的陆续建设，学校有了教学楼，校园开始初成规模。1978 年，马成营校长来校工作，他明确提出了校园环境建设的重要性，指出校园环境建设为教育教学一线服务，标志着校园环境建设正式开始。当时学校面临经济困难。面对这种情况，驻地解放军伸出了援手。在他们的大力支援下，学校先后建设了家属楼、教学楼、小礼堂、食堂、

图 1-12 友谊广场

自行车车棚、花房、篮球场、田径场和校办厂等。可以说，在很大程度上，解放军和地区单位帮助学校度过了办学条件的困难时期。

为纪念解放军和地区单位在学校发展过程中所做的贡献和结下的深厚的军民共建情谊，学校修建了军民友谊亭。它是对军民友谊的纪念，也是对学校一段难忘发展历程的见证。

2016年，学校对军民友谊亭周边的场地进行了设计改造，调整了建筑位置布局，建设了友谊广场。这是对学校发展历史的回眸，更是对学校师生的激励。

二、节约型校园：环境中的教育

"将节约进行到底。"长期以来，学校致力于建设节约型校园。这不仅是学校自身发展的需要，也是学校践行育人理念和培养合格社会人才的社会责任的需要。

节约型校园的建设增强了师生节约资源的紧迫感和责任感，让师生树立了健康的生活理念，提高了学校的管理和服务效率，形成了浪费可耻、节约光荣的良好风尚。

（一）节约型校园的创建

节约型校园创建第一部曲：政策引领。学校组建了领导小组，进行顶层规划和设计，出台了一系列政策。

党中央和国务院号召全国范围内建设节约型社会。学校积极响应，启动了节约型校园创建活动，制定了《创建"节约型校园"行动方案》。

作为节约型校园创建活动重要的一环，学校开展了垃圾分类工作。2006年伊始，学校就将生活垃圾的分类管理作为一项重要内容来抓，制定了《校园垃圾分类行动方案》。全校师生实行垃圾分类投放，教室、办公室、宿舍楼都配备了可回收物、其他垃圾、厨余垃圾、废旧电池四种分类垃圾桶。以学生垃圾分类回收活动为主线（学生垃圾分类—学校组织回收—回收公司文具兑换），突出学生自我管理、自我教育，确保资源的回收和利用，保护环境。

节约型校园创建第二部曲：科学开展。在项目实施上，学校注重校园整体规划、长期规划。学校通过改善景观设计、优化土地利用、合理配备物资、营造优美环境，为建设节能、环保、绿色、低碳校园进一步奠定了基础。南楼、北楼、后勤楼、宿舍楼一排排列队整齐的太阳能设备，已成为学校一道美丽的空中风景线。凉风袭来，温暖的洗手水已成为学生冬日里的自豪。这让学生在体验大自然带来的便捷的同时，也自觉养成爱护大自然，注重节约、低碳、环保的习惯。

节约型校园创建第三部曲：全员参与。小到班级班会课的开展，大到学校主题活动的开展，节能减排的观念体现在学生学习、生活的各个环节。食堂餐桌上是学生绘制的"节约粮食"标语；洗手间配备了有节约用水标志的感应节水水龙头；教室里有"出门随手关灯"的温情提示；校园里张贴了爱护环境宣传海报；手工课上，教师在教学生利用废旧物品制作工艺品；在报告厅里，专家给学生科普环境知识……美丽校园处处渗透着节约、绿色、环保、低碳的理念。节能减排、人与自然和谐相处的思想，深深刻在师生的心里。全员参与，形成教育合力，达到环境育人的效果。

节约型校园创建第四部曲：影响社会。学校通过"小手拉大手"的形式，引导学生将垃圾分类理念和方法带入每一个家庭，带动整个社区；以实际行动践行生活垃圾分类，影响身边家人，使绿色环保的理念得到深入普及。

清风徐来，教室里琅琅的读书声伴随着欢声笑语悠悠传来；阳光暖照，操场上拼搏的体育健儿挥洒的汗水闪闪照耀。

（二）学校的垃圾分类工作

在班级内，学生开始学习垃圾分类知识。班会课上，班主任请学生逐一帮校园常见垃圾"分类"："粉笔头属于其他垃圾""锂电池才是有害垃圾"。学生自觉记笔记，熟悉垃圾分类知识。

在年级里，学校统一设立了再生资源回收站点。每个回收站都有两位站长，负责引导同学进行垃圾回收。每个班级有专门的"回收员"，他们会将收集整理好的再生资源交到指定的回收点，验收合格后称重。学校会定期按重量给各班兑换一些文具用品。每周各班收集的再生资源重量数据都会在全校公布。大家认为很有意义，也更愿意参加了。以往有些学生的草稿纸都是团成团扔进垃圾箱里的。现在大家都知道要展平收集起来。有时候，一个班级一天就能攒 10 厘米厚的废纸。但是，绝对不能单纯追求重量。学校鼓励物尽其用之后才能被回收。比如，有些草稿纸只用了单面，小站长就会拒收。德育主任说："小站长拒收，回收员就要重新拿回班，还要和同学解释原因。这个过程本身也是一次对垃圾分类的深入教育。"

在校园，垃圾分类站点开始了"其他垃圾"的"瘦身"工作。每周每班产生的其他垃圾都会被称重，并定期公示。这其实是一种善意提醒，让更多的学生养成垃圾分类的意识，自觉从源头减少垃圾。各类垃圾称重的数据都将以班级为单位形成一份"体检报告"，引导学生节约资源、合理利用资源。

除此以外，学校后勤服务中心还率先推广了"刷脸"点餐制，让学生提前一周按量点菜。相较原来的统一配餐，个性化定制的"刷脸"点餐有效减少了粮食浪费，从源头上减少了厨余垃圾的产生。每天午饭时，后勤服务中心副校长就会来到食堂守候厨余垃圾桶，号召学生节约粮食，鼓励"光盘"。慢慢地，剩菜剩饭减少了，厨余垃圾也减少了。

由于垃圾分类工作的有效开展，学校作为垃圾分类的引领者，营造了良好的社会氛围，得到了社会的一致认可。多家媒体都对学校的垃圾分类工作进行了专题报道。

学生开展微电影社团活动

第二章

五育并举，培育中国脊梁

培养什么样的人？如何培养人？我们始终不忘为国育才的使命，树立了培养具有民族精神、科学素养、艺术气质、健康体魄的中国脊梁的育人目标。要想实现这样的目标，我们认为应努力让每一个学生拥有一个五彩斑斓、健康充实的青春时代。只有这样，每一个学生才可能积极地面对未来的挑战，有自己想要的生活，才能锻造成中国脊梁。

学校构建了促进学生德智体美劳全面发展的五彩课程：至诚至善、惟勤惟正的品德课程，帮助学生扣好人生的第一粒扣子；心理课程塑造学生健康的人格，让阳光洒满学生的心灵；科技课程提升学生的科学素养，为学生的未来创新蓄能；艺术课程提升艺术气质，为学生插上艺术的翅膀；体育课程锤炼学生健康的体魄，为学生的人生筑牢基础。五彩课程促进学生全面而有个性地成长，也为培养"有理想、勇担当、善作为"的中国脊梁奠定了基础。

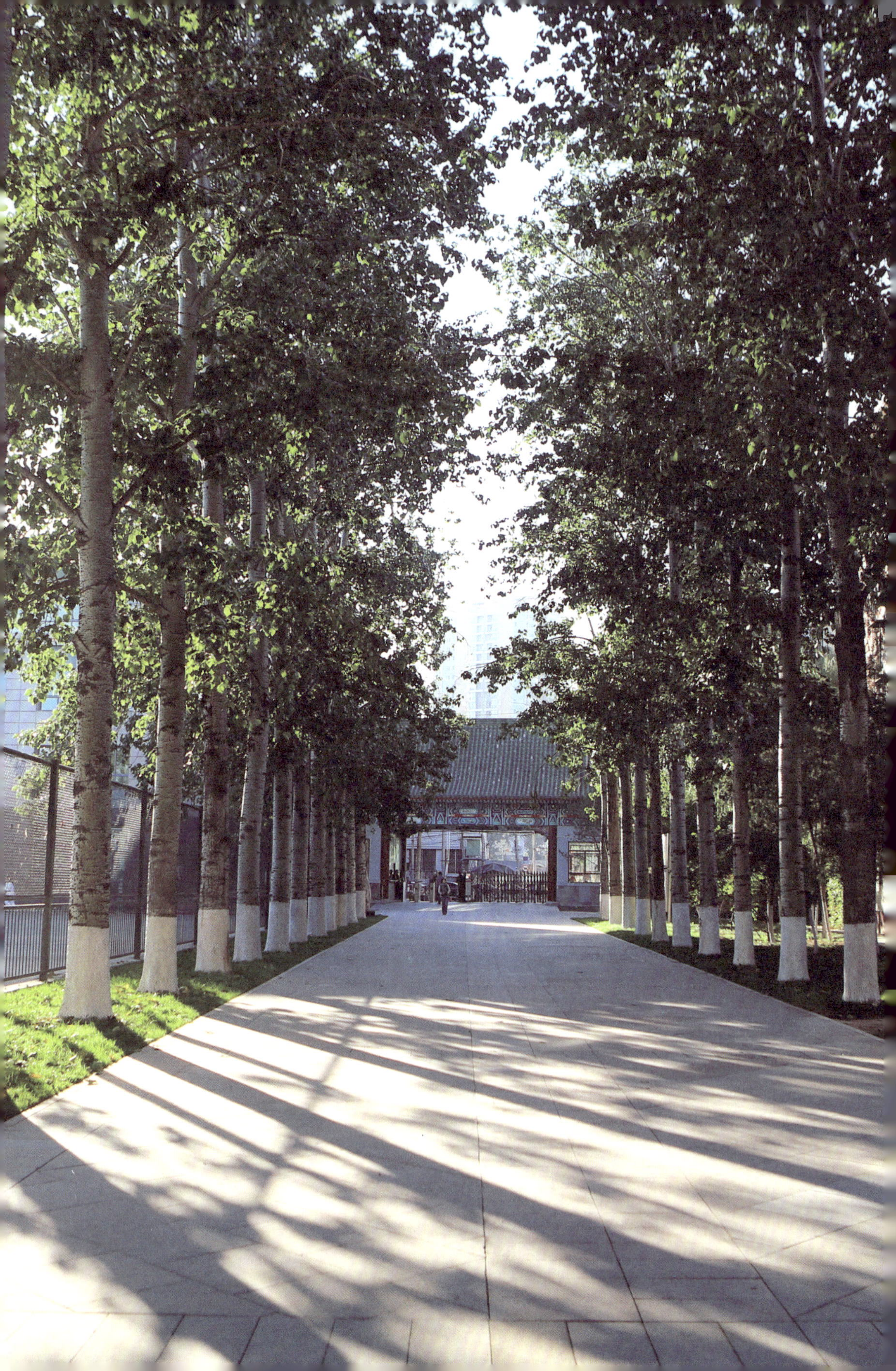

第一节　以校为本建构五彩课程

"五彩青春"的内涵是指青少年在品德素养、文化素养、健康素养、科技素养和艺术素养几方面取得全面的发展。品德素养是立身之本，文化素养是发展之源，健康素养是成长之基，科技素养是时代之峰，艺术素养是品质之魂。"扬五彩青春，做中国脊梁"，就是把学生的健康成长和祖国发展建设紧密结合起来，既要实现学生的理想追求，又要把这种追求与时代脉搏、国家命运相联系，从而更好地实现学生的个人价值。

在学校，学生学习的远不止书本上的知识。根据学生的身心特点与学科教育特点，学校构建了促进每一位学生发展的重基础、多样化、有层次、综合性、有特色的 3L 和 5F 课程体系。

一、3L 课程层级：分层筑基，拔高能力

"长太息以掩涕兮，哀民生之多艰……"在教室里，学生当时正在进行语文必修课程的学习。高二年级的学生是第一年使用部编版新教材，也是北京市同时面临新教材、新课标、新高考改革的第一届。这一类必修课程在学校有特定的名称，即共同基础类课程。共同基础类课程包括必修课程和选择性必修课程。学校给出充足的课时，面向全体学生开设该类课程，保证学生打好各学科的基础，扎实应对高考。

小王同学对古汉语文字学有着浓厚兴趣，他的桌上摆着《古汉语常用字字典》《古代汉语》等多本古汉语文字学方面的书籍。像小王同学一样对某一学科领域有着浓厚兴趣的学生还有很多，如何让他们在学校能够掌握更多自己感兴趣学科的专业知识呢？除了开设共同基础类课程外，学校还开设了拓展应用类课程。该类课程是面向不同学生群体的各类选修课程、活动课程、社团课程等。在这里，学生可以和志同道合的同学一起探究理科高精尖问题的奥秘，可以在"模拟联合国"中发挥交际特长，也可以在"辩论课程"学习中培养出色的口才和敏捷的思维……学校的

做中国脊梁

每一位教师都在自己的专业领域开设了具有特色的课程，让学生可以根据自己的兴趣爱好来选择课程、发展特长。

"如果让你动手做一个机器人，你会怎么做呢？"这是教师在学校创新发展类课程"机器人工程"学习中提出的问题。学生针对教师的问题，畅所欲言。有的学生提议在教室铺设轨道；有的学生认为可以通过方向轮和驱动轮进行控制；有的学生认为可以通过导航系统人为操纵，防止碰到障碍物……学校的创新发展类课程是面向特长突出学生开设的项目课程、实践应用课程、专题研究课程、特色发展课程。学校能够发现学生的特长，并且通过创新发展类课程进一步发展学生的特长，给学生提供研究实践的机会。图 2-1 为 3L 课程层级。

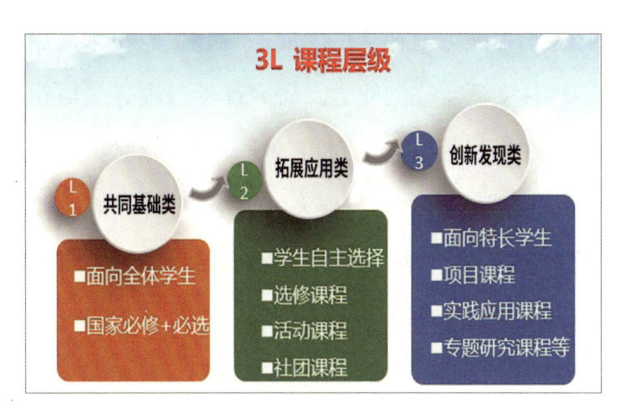

图 2-1 3L 课程层级

二、5F 课程领域：成就全面发展的 21 世纪创新人才

5F 课程领域贯穿每个层级的课程平台，包括品德与修为领域、人文与社会领域、科学与技术领域、身心与健康领域、艺术与审美领域。

"这就是雷锋精神，是全心全意为人民服务的钉子精神，也是我们世世代代需要传承和弘扬的品质……"作为学雷锋活动月的主题活动，"弘扬雷锋精神，礼赞建党百年"的主题演讲活动当时在如火如荼地进行。学校十分重视主题教育活动和综合实践活动，通过活动增强学生对社会主义核心价值观的认同感，培养学生的社会责任担当意识，使学生争当促进中华民族伟大复兴的中国脊梁，培养学生以爱国主义为核心的团结统一、爱好和平、勤劳勇敢、自强不息的精神。

在每一学年，学校都会开展研究性学习。学生可以选择自己感兴趣的领域和课题进行研究。学校专门开设了一节课,供学生进行小组研讨。每个课题都有一位指导教师,在资料收集、研究方法、文献综述等方面对学生进行指导。小李同学和他的小组成员选择了"中学生学习内驱力研究"这个课题。在研究的过程中,他们采访了许多同学,整理了诸多样本材料。同时这个研究过程也是他们自我反思和提升的过程。这样的研究课题深受学生的喜爱。学生纷纷表示找到了"上大学搞科研"的感觉。科学素养是具有一定的文化科学基础知识,懂得学习方法,善于增长智慧,具有学习能力及初步的实验、现代信息技术应用技能,有较自如地进行口头与书面表达及交流交往的能力。研究性学习很好地培养了学生的科学素养。

在操场上,各班都在全身心投入地练习广播操。一年一度的广播操比赛(图2-2)是学生期待的一项大型班级集体活动。"校风的一半在操场,班风的一半在做操。"作为体育强校,让学生拥有健康体魄一直是学校的培养目标。不仅如此,午休、晚自习的休息间隙,经常能看见学生绕着操场跑圈锻炼。小张同学每天坚持跑3圈1200米,他说:"跑步能锻炼我的身体。从最初的400米到现在的1200米,我不断突破自己,获得挑战的喜悦。我也把这份坚持带到了生活和学习中。"

图 2-2 广播操比赛

学校的艺术课堂可以让每位学生大开眼界。学生的艺术课不是局限于画画、唱歌等基础的艺术门类，而是精细到美术和音乐的具体领域。在艺术课上，学生可以根据自己的喜好选择学习不同的艺术技能。通过艺术教育，学生掌握了基本的艺术技能，能唱歌，能识五线谱，能表演，有一定的创作能力，有基本的绘画能力，同时也具有一定的艺术欣赏能力和审美能力。艺术教育能影响学生的精神世界，陶冶学生的品格和情操。

"模拟政协"是学校人文学科领域的一门特色课程，是发挥学生的主体作用来模拟全国政协的提案形成过程，也是模拟和体验全国政协的组织形式和议事规则，来了解和体会民主协商政治制度。学生跳出课本的局限，亲身体验和理解国家的政治运作和中国民主政治的发展，增强对社会和国家的责任感和使命感。这是让学生走出课堂和校园，主动了解社会、探究社会、服务社会，关注民生和热点话题，进行自主、合作、探究学习，激发更多的学习兴趣和乐趣，不断提升社会调查和学术研究能力；让学生发现问题，感受问题，提出解决问题的设想，培育创新素养和实践能力；让学生不仅对我国的政治体制、民主制度及全国政协工作流程有深入的了解，还可以增强作为国家主人的责任意识，成为具有世界眼光、开放意识，传承中华民族优良传统，树立民族自信和爱国主义精神的青年。

学校的3L和5F课程体系既能保证人才培养的基本规格和全面发展的共性要求，又能适应不同学生个性化的发展需求，体现多元化的选择取向和拔尖创新人才渐进式培养过程。学校基于育人目标，根据学生的身心特点与学科教育特点，通过构建促进每一位学生发展的重基础、多样化、有层次、综合性、有特色的课程体系，多渠道提升学生的品德素养、文化素养、健康素养、科技素养和艺术素养，为使学生"做中国脊梁"打下坚实的基础。

三、做个木匠：面向每一个学生的全体必修课

小博是高一年级的一名新生。面对即将到来的高中生活，他既兴奋，又不安。父母对他一向很严厉，反复叮嘱他要全身心地投入学习，取得好成绩，考上理想的

大学，向他宣讲未来大有作为的职业。可是小博有一个深藏在心底的秘密，他想做个木匠。原本他已经放弃梦想，因为学校的课程安排，他心里又重新泛起涟漪。

转眼到了上通用技术课的时间，他没有想到上课地点安排在了通用技术手工教室。走廊里摆满了各式各样、样式精美的木制作品，有飞机、超人、梳妆盒等。眼前的一幕幕让小博感到非常震惊。走进教室，每张桌子上都摆上了木板和工具。教师非常认真地讲解了这门课的理念，展示了之前学长学姐的作品。这堂课给小博带来了希望。他觉得非常幸福，心里有一颗种子正破土而出，长出嫩芽。

小博不愿意放弃自己的梦想，因为学校为像他这样的学生开设了适合他们的课程。恰逢学校组织家长课堂，向家长宣讲了育人目标，说明高中阶段不是只有语文、数学、英语等学科才有用。像通用技术课程或美术课程、体育课程都是对知识的实践；综合实践课程可以指导学生进行实践，是从学生的实际出发，通过各种知识提升学生的综合能力，运用数学的知识来设计，运用语文的知识来表达。学校尊重学生的兴趣特长，从学生的实际需要出发，注重学生主动实践和综合实力的提升。当小博的父母听完学校的课程理念后，他们认可了小博的兴趣爱好，选择尊重他。

在开放自主的校园环境中，教师会呵护小博的梦想。小博轻轻地抚摸着自己的通用技术作品——桥，仿佛看到自己彩虹似的梦在眼前浮现：那是一个少年，正眺望远方，看着一架高桥腾空而起，横亘在两峰之间，如同一条巨龙腾空而起。

开设面向每一个学生的选修课，是一种实践，是一种魄力，也是一种教育的情怀。学校尊重学生的需求，锻炼学生的实践能力，帮助他们实现心中的梦想。

四、拓展延伸课程：向梦想更远处漫溯

"寻梦？撑一支长篙，向青草更青处漫溯。满载一船星辉，在星辉斑斓里放歌……"诚如斯言，学校承载着莘莘学子求学、求真的梦。拓展延伸类课程就像诗歌中的"一支长篙"，指引着学子向"青草更青处"扬帆起航。

赤、橙、黄、绿、青、蓝、紫……在国家基础学科课程基础上开设的具有学科特色的选修课程就像是七彩缤纷的盒子一样，只有亲自打开才能亲睹其芳。

"桃之夭夭，灼灼其华。""最是一年春好处，绝胜烟柳满皇都。"循着跌宕的咏叹声，我们阔步来到学校的紫藤萝下一探究竟。放眼望去，荷花桥畔、友谊亭中，师生亦是盛装出席，一场诗、文、舞的饕餮盛宴如火如荼地进行着。学校一直致力于培养学生的国学修养、人文情怀，鲜明地提出了开设人文、审美课程。除去基础课程的夯实基础、提升基本能力外，此类拓展延伸课程亦是精彩纷呈："魅力语文""红楼梦中人""唐诗宋词鉴赏""文学经典影音作品赏析""语文视野拓展""历史都是真的吗"等。学生徜徉其中，与古今圣贤谈笑一曲，同文人墨客对话，共赏古典诗词的音韵之美、文字之美、情感之美；纵览历史风云，遍览王朝兴替，体会人世悲欢离合。图 2-3 为学生戏剧表演活动。

图 2-3　学生戏剧表演活动

"网络是什么？网线是一根什么样的线？"带着这样的疑问，我们走进高中部"网络基础课程探究"的课堂。在课堂上，胡老师用风趣生动的话语向我们悉心讲解了网线的制作，并且亲身演示了制作过程，将理论与实践相结合，引人入胜。在这里，我们了解了生活中未曾注意的细节，对于网络基础知识有了初步的认识，如构成信息社会的介质——网络的奥秘。学生在欢声笑语中轻松地学到了很多知识，不是把这节课当成一项枯燥乏味的学习任务，而是用心去感受，体悟学习网络基础知识的乐趣，有所收获。不同的声音启发我们从另一个崭新的角度观察这个世界，让我们的认知在信息的洪流中不断经受着洗刷与打磨，一点点臻于圆融与完善。

还想深入了解人工智能课程吗？紧跟我们的脚步，走进"数据与数据结构"的课堂。在课堂上，学生一步步走进数据的世界，知道了数字、数值、数据、大数据有关的概念、应用、价值，看到了信息社会的方方面面都有各种数据的身影。时间匆匆流逝，讨论在继续：学生上网收集近几年信息技术发展变化的资料，充分思考并阐述自己对生活"低成本化"问题的深入理解，尝试挖掘 CPI、PPI 等宏观经济数据与此问题的联系。

毛泽东同志有诗云："久有凌云志……可上九天揽月，可下五洋捉鳖。"殊不知，在学校的课堂上，教师也在带着学生探究上天揽"火星"的通途。看，张振峰老师开设的"火星车设计与制作"选修课开课了！张老师在教学上十分有耐心，利用 5W2H 构思方法给学生讲述了火星车的概念、工作方式以及从发射到着陆的全部过程，还带学生了解了火星车的基本工作内容、设计目的以及人类为何把探索的目光投向火星。学生兴趣盎然。学生在第一节课上确定了小组的规格，了解方案的规划方法以及往后可能会涉及的领域。这些都会使学生对日后的学习抱有极高的期待。

让我们将镜头转向体育场，那里汗水与青春交织。体育课上有拉丁舞、英雄少年广播操、校园自编操、花样篮球、花样跳绳等项目，令人应接不暇。我们在运动中放松身心，在节拍震动中思考动作的最优化，在每一次起舞中体会雄健的力量美。

再给艺术楼一个长镜头，那里色彩与陶艺齐飞，戏剧管乐添一色。酷爱书法的学生慎重执笔，成竹在胸，将笔尖落于宣纸的那一刻，心中宁静，耳边无声，然而思绪万千，对于学习和生活的思考不停。痴迷戏剧的学生在排练厅里一遍一遍排演着经典剧目，如《茶馆》《雷雨》《哈姆莱特》，在戏剧中洞察人情冷暖。

在 2022 年全国两会上，有位教育工作者的一句话成为焦点：好的教育应该是培养终身运动者、责任担当者、问题解决者和优雅生活者。细观学校的育人课程体系，其在此四者的培养上恰如其分。

五、探究创新课程：你有"超能力"，我有"大舞台"

"智能家居助力于构建人类家庭生活的未来形态。在不远的将来，我们每个人都将从中受益……"这是思宇、泽域同学在高一年级科技论坛上分享的研究成果。面对学弟学妹一双双充满求知欲的眼睛，他们侃侃而谈，慷慨激昂。高中阶段学业繁重，但他们从未感到学习上的疲累。这得益于学校开设的研究性学习课程。在研究性学习课程的选课阶段，他们兴致勃勃地打开校园网页，浏览教师设计的一个个选题，将已有选题与自身兴趣相互参照，从而确定自己的研究性学习方向"基于深度学习的主动式智能家居系统"。

思宇同学说道"研究性学习往往持续时间比较长，参加的时候会有固定的指导教师和同伴。完成之后，感觉自己不仅收获了探索能力，还明白了何为团队精神。"学校着力开发探究创新课程，开发具体活动项目，编辑课程体系。教师立足于时代社会热点、学生兴趣，精选研究性学习课题，通过具体活动内容的引领、实践、体会、总结、交流，培养学生的创新意识和创新能力。在校园的东甬道上，学生的研究性学习成果以一块块精美展板的形式陈列，吸引了众多师生的目光。

探索、创新精神在校园里传递。嘉会同学的生活因学校搭建的良好平台而发生了改变。嘉会同学特别喜欢机械设计与制造，他常常在课余时间独自琢磨探索，但也因无人指导、浅尝辄止而感到苦恼。直到有一天，学校发布了一则千人计划课程通知。"初中机械组基地校""清华大学基础工业训练中心""为期 3 个月的学习"等字眼映入他的眼帘，让他的内心翻涌起一股股喜悦之情。嘉会同学在学校教师和清华大学教师的悉心指导下，根据自己的特长和兴趣，自主选择了一个机械研究与制作课题。依托千人计划课程，嘉会同学经历了一个完整的科学探究过程，顺利完成了自己选定的研究课题，并于 2014 年 1 月在清华大学基础工业训练中心进行了结题报告会。千人计划课程尊重并极大满足了学生的个性化学习需求，激发了学生的创造潜力，让学生走得更远，为学生可持续发展赋能。

观祖国山河，觅伟人足迹，成中华脊梁。易昕同学积极参加了学校开展的山东研学活动(图 2-4)。出发前,易昕同学便拿到八年级全体教师精心开发和设计的《山东文化考察课程手册》。该手册包含关于这次游学目的地的很多知识,同时涵盖新中考的多个学科,让易昕同学充满了探索的兴趣。她和同学们一起穿着汉服来到了孔庙和孔府。学生在大成殿门前举办了祭孔仪式,按照传统汉式祭祀礼节向孔子献祭。他们伴随着悠扬肃穆的鼓乐声,齐行三献礼。语文教师为大家诵读了祭拜孔子的献文。虽然当时的天气条件并不好,但是教师依然将抑扬顿挫的声音与沉稳悠扬的祭祀的鼓点声完美结合,在不知不觉中带着学生了解儒家文化千百年来的发展历程。接着便是参观孔府。浓厚的文化气息和历史的遗韵不禁令学生为之赞叹。参观结束后,学生来到了曲阜师范大学,共同聆听王曰美老师的精彩讲座。学生在指导教师的引领下登泰山。通过攀登泰山,学生领会到了"直上危巅休怯险,登天毕竟要雄才"的勇敢进取精神,"会当凌绝顶,一览众山小"的攀登意志,"重如泰山"的责任意识和"泰山不让土壤,故能成其大"的包容精神。学校的传统文化游学课程、脊梁人物寻根课程、国际视野拓展课程,就这样影响了一个个学生的精神世界,锤炼了其坚强意志,广博了其胸怀,升华了其品质。

图 2-4 学校开展的山东研学活动

"十年树木，百年树人"。学生在一所中学里短则三年、长则六年的时光，是如何影响他们的人生轨迹和成长方向的？这是每一所中学都要研究和探寻的教育问题。学校在整体课程架构上着力，科学设计课程体系，满足不同学生的发展需要，激发学生探索创新的热情，为学生一辈子的发展注入源源不断的动力。这便是一所中学的大格局和大气魄。

第二节　系好人生的第一粒扣子

脊梁精神的核心是"有理想、勇担当、善作为"。学校十分重视学生理想信念教育、人格教育和良好习惯养成教育，积极打造担当文化，建立了以"至诚至善，惟勤惟正"为主题的德育体系。学校以爱国主义为主线，以养成教育为基础，以发展规划为重点，着力提高学生的思想道德、心理品质和创新能力，努力培养学生的民族精神、担当品格、科学素养、人文气质、健康体魄，为学生系好人生的第一粒扣子。

一、养成教育：立德树人从点滴做起

依据联合国教科文组织提出的教育的四大支柱，养成教育的终极目标应该是使学生学会做人、学会求知、学会做事、学会共处。新时期的良好习惯养成教育不仅是行为习惯的教育，还是一种促使个体生命整体得到更新和发展的终身教育。日常行为规范教育关键在践行，体现养成教育的实践性。养成教育需要时间的坚持，更需要通过长时间不断践行而成为一种常态。只有通过践行，学生才能养成良好的习惯，达到养成之"成"。学校养成教育（图2-5）旨在培养学生"诚、善、勤、正"的优秀品质，使学生成为具有理想信念、家国情怀和社会责任感的人。

（一）上好入学"第一课"

"我们在这里相聚，我们从这里出发。我们同心携手，走过青春年华。"唱着这欢快的校歌，我意识到我不再是一名小学生了，我已经成为一名二十中学的中学生

图 2-5　学校养成教育

了。我明白我已经长大了！看着入学教育手册中的实践目标，我暗下决心，在入学教育实践中绝不掉链子，一切行动听指挥，刻苦训练，使自己成为吃苦耐劳、作风严谨、品格高尚的二十中人。

这是小孙同学入学教育第一天在社会实践活动记录中的一段内容。良好的开端是成功的一半。做好入学教育非常必要，有助于引导学生迈好中学的第一步，培养学生良好的习惯，让学生更好地适应中学生活，真正实现顺利入学。这段入学教育的经历对于学生中学阶段甚至整个人生阶段的发展都具有非常重要的意义。

学校入学教育实践活动（图2-6）要求学生制订入学教育学习计划，参与入学教育过程中相关的评比项目，学习学校文明礼貌要点等。入学教育实践活动要教会学生规划时间，引导学生融入集体生活并努力为集体争光；同时也要使学生明确中学生活做什么、怎么做，帮助学生尽快适应中学生活。在这个过程中，各班会召开"养成好习惯，迎接新生活"的主题班会，让学生尽快融入班集体的同时也为建设班集体奠定基础。

图 2-6　学校入学教育实践活动

除了《中学生守则》《中学生日常行为规范》等学习内容外，学校的学生道德行为规范是学校特有的德育内容。从培养目标到学习习惯，从文明礼仪到仪容仪表，从承担家务到孝敬老人，从锻炼身体到理想信念，学生道德行为规范一共64条，涵盖学生的基本素养要求。四言一句，韵律整齐，朗朗上口，所有学生都倒背如流。只有内化于心，才会外化为行。

七年级、高一年级分别是学生从小学迈向中学、从初中迈向高中的关键节点。由于良好行为习惯需要进一步养成，结合"学规范，用规范"主题教育活动的开展，学校还重点开展"八好八不"教育，让学生学规范、知规范、用规范，掌握简单的生活规范、行为规范，养成文明素养。

这为学生过好中学阶段3年甚至6年的学习生活打下了坚实的基础。但对于习惯的培养不可能一蹴而就，需要长期的坚持。在日常的教育教学中，学校从抓好细节入手，进一步培养学生良好的生活习惯。

七年级（1）班的家长给教师留言："感谢刘老师这几天对孩子们的悉心照顾和教育引导，感谢学校安排的有意义的入学教育实践活动。看着孩子们每天的变化，都不敢相信队列里的是自己的孩子，能站在那一动不动。看来孩子已经真正长大了，已经快速融入这个优秀的班集体了。"

七年级（12）班小张同学这么写道："学习武术操时的时间过得很快，大家都在操场上跟着老师学习着。虽然结束集合时重来了两次，但我认为这并不是坏事，反而让我们明白应该更加规范自己的言行举止，了解二十中学在各方面的规定，知道什么时候该做什么、不该做什么。每天的一点一滴其实都在告诉和提醒我们，现在我们已经成为一名初中生，要和小学那些不好的习惯说再见，对自己更应该严格要求，养成初中生应该有的良好习惯。"

入学教育帮助学生养成与未来学习生活相适应的习惯与观念，为顺利开始初中或高中的学习生活奠定良好基础。

（二）文明礼仪重在行

走进校园，总会看到一个个鞠躬的身影，看到一张张充满稚气的阳光般的笑脸，也总会听到一声声的"老师好"，不由得会为学生良好的素养感到赞叹。图2-7为学校礼仪规范教育。

不管是初中还是高中，入学教育中的一项内容就是学习"五、五、双、轻"道德规范。图2-8为学生"五、五、双、轻"道德规范养成流程图。

五鞠躬：早晨到校见到教师第一面要鞠躬（注意：推自行车行走时见教师只问好，不鞠躬；下楼时只问好，不鞠躬；手持重物或劳动工具时只问好，不鞠躬）；迟到获准归位要鞠躬；得到教师教诲要鞠躬致谢；大会发言要鞠躬；领奖要鞠躬。

五起立：上、下课起立；与教师交谈要起立；课上发言要起立；点名要起立；

图2-7 学校礼仪规范教育

```
学生道德行为规范 → 新生人手一本 → 入学教育记忆 → 开展实践体验 → 开学典礼诵读 → 开学每天体验 → 内化于心，外化于行 形成良好道德行为习惯
                ↑              ↑              ↑              ↑              ↑
              学校印刷制作    年级进行检测    老师搭建平台    学校搭建平台    学校组织检查
```

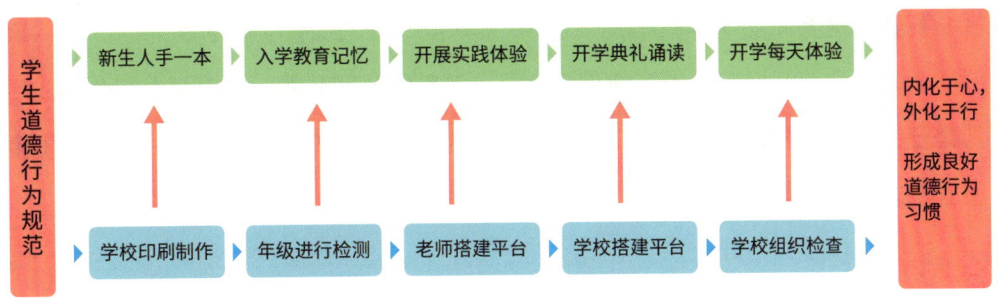

图 2-8　学生"五、五、双、轻"道德规范养成流程图

迎送长辈或客人要起立。

双手递接：与师长交接物品要用双手；郑重场合学生间交接物品要用双手。

轻声右行：在楼内不大声说话、跑、闹，不在楼道、楼梯处滞留；楼内行走要右行礼让。

学生参加入学教育第一天被要求将这几条道德规范熟记于心，并立即付诸实践。当然这个过程需要教师不断地提醒。开学后第一周，教师会在校门口迎接学生到校，指导学生在鞠躬问好方面的行为；还要通过主题班会等活动强化"五、五、双、轻"道德规范的养成，使学生掌握内容，强化实践体验，内化于心，外化于行，最终养成良好的道德行为习惯。

孔子曰："不学礼，无以立。"做人先学礼。礼仪教育是人生的第一课。礼仪必须经过学习、培养和训练，才能成为人们的行为习惯。每一位社会成员都有义务和职责，经过学习礼仪、传承礼仪，自然而然地成为这个民族和团体的一员。"五、五、双、轻"道德规范所涵盖的内容包含着中华优秀传统文化中的礼仪要点。通过训练和自我不断的要求，学生的礼貌礼仪很容易养成。这将在他们以后的社会生活中发挥重要作用。

礼仪是学生内在素质和外在形象的具体体现，是学生人际关系和谐的基础，是学生成人后各项事业发展的关键。良好的礼仪能够帮助学生实现梦想、走向成功。

（三）劳动是一种美德

校园里很少能够看到专业的保洁人员，无论是楼内还是楼外。但校园却总是那样干净、整洁，从早到晚，不论春夏秋冬。这到底是怎么一回事呢？

其实，这要归功于学校坚持了近30年的值周育人综合实践活动（图2-9）。这项活动成为学校开展劳动教育的重要途径。多年的实践证明，值周育人综合实践活动是全面推进素质教育，与德智体美有机结合、协调发展、相互渗透，促进学生全面发展的有效的教育形式。

那么学校是如何开展这项活动的呢？每个学年每个班级（七年级、八年级、高一年级、高二年级）有一周的时间参加值周育人综合实践活动。首先，活动期间各班安排了劳动任务。班主任根据全校的环境区域划分出40多个岗位，由40多名学生分别承担不同岗位的工作。有人清扫楼道楼梯，有人擦拭墙面门窗，有人打扫甬道，有人收集落叶、修剪草坪，还有人整理图书、分发试卷报刊等。劳动时间每天三小时，上午、下午各一个半小时。

另外，相关岗位的学生还要参与管人、管物、管理不文明现象。比如，负责自行车车棚的学生要帮着摆放自行车；负责食堂垃圾分类的学生，要指导同学按要求做好垃圾分类，提醒同学减少浪费。

每个班在值周的时候会派出学生在校门口站礼仪岗，做礼仪标兵。同时，学校

图2-9 值周育人综合实践活动

要求每个值周学生在自己的岗位上都必须有出色的礼仪表现。

这个过程中严格贯彻一人一岗的要求。每人要在各自的岗位上充分展示自己的能力，体现自己的价值，同时培养责任意识。学校提出劳动任务的基本要求，要求学生做到让被服务人满意。岗位质量全凭学生依据个人认识的层次制定标准。对于学生来说，不是简单的想不想干好，也不是会不会干，而是不知道如何去干。给学生一个基本指导，让学生自主发挥，虽然有时结果会不尽如人意，但是对于学生的教育是很有意义的。

学校培养学生的"我是学校的主人""人人为我，我为人人"的观念。开展值周育人综合实践活动要有严肃隆重的仪式。每个值周班级要开好动员、誓师、总结三个会；值周学生要在周一升旗集会上集体亮相，向全校师生鞠躬表态。学生在严肃、隆重的气氛中带着光荣感和愉悦的心情开始劳动锻炼，并在其中获得成功的体验，感受奉献的幸福。值周育人综合实践活动使学生受到思想教育，身心得到锻炼，促进学生认识水平的提高及人格的完善。

由于一人一岗，每个学生都能得到充分锻炼，体会到劳动的艰辛，更认识到劳动的价值，更加珍惜劳动成果。唐唐同学做出如下值周总结。

劳动是人类生活中一项必不可少的活动。也正因为有劳动，我们这些以前用四肢走路的动物才转变成人。劳动也使我们在实践中不断提高自身的生存能力和思想意识。所以说，我们的生活如此幸福，都是在一点一滴的劳动中建立起来的。人类不能遗忘劳动，遗忘劳动等于间接地丧失了生存能力。因为生存能力是建立在劳动之上的，没有劳动又谈何生存呢？我们这一代中学生生活在科技发达的时代，很少有机会亲身进行劳动。在值周中，我们所进行的劳动虽然很简单，但它对我们也是很好的锻炼。做事由简到繁，劳动也要由简单做起。这些汗水最终汇聚成一股力量，在以后的生活中随时给自己帮助。

小亮同学在总结中写下如下内容。

这次值周让我懂得了劳动是多么光荣的事，也懂得了珍惜别人的劳动。最重要的是我懂得了做什么事都要负责任。我现在感到自己有一种责任感，在家也知道主动收拾和打扫房间了。妈妈说我长大了，我又多了一种自豪感。

值周育人综合实践活动得到了家长的支持和社会的认可，使家庭、社会、学校教育融为一体，体现了教育的一致性原则。值周育人综合实践活动为学生提供了广阔的舞台，给学生开辟了自我教育的途径，让学生在这种实践活动中得到了锻炼、展示了自我。它是真正将自主管理和学生自身文明修养结合起来的一项有意义的综合实践活动。

（四）学校的"学习节"

有天下午全年级师生来到北楼五层报告厅开展学习节活动（图2-10）。随着优美的音乐，七年级语文交流展示暨颁奖活动正式开始。别具匠心的开场一下子吸引了学生的注意。第一个环节就是学生很喜欢的课上五分钟口语分享。来自8个班的学生进行了口语交流。口语分享的内容有学生爱好的介绍，有对汉服的简介，有浅谈广场舞的利弊，范围广泛。口语交流中穿插了活动的另外一个主题——颁奖。学校对口语交流方面比较优秀的学生进行了表彰。不仅是获奖的学生，连台下的学生看到同班同学获奖也备受鼓舞。活动在交流展示与颁奖的交替中顺利进行。学生一直保持高涨的情绪，活动高潮一波又一波。

建筑单元探究优秀成果的展示、课本剧《变色龙》、保护动物海报优秀设计、诗歌创作展示几个活动充分激发了学生的兴趣。其中课本剧《变色龙》以其幽默诙谐的表演，不仅引得满堂欢笑，也让学生感受到世界名著的魅力。诗歌创作别出心裁。一位学生把这学期语文书中出现的课文串联起来，写成一篇《说书人》，其心思与文采让同学赞不绝口。活动接近尾声，一张张照片记录下一个学期以来学生语文活动的点点滴滴，让学生颇受感动。在最后，语文教师凌东升带领学生一起学习古诗吟诵，更是把活动推向高潮。在掌声中，七年级语文交流展示暨颁奖活动圆

图 2-10 学习节活动

满结束。

学习节活动以达成学习目标为目的，以培养学习兴趣、掌握学习方法为抓手，旨在营造良好的校风、学风。学习节活动的主题是"好学、会学、乐学"。教师一方面精心设计课堂教学，深入探索新课程标准下的课堂教学模式，以激发学生自主学习为出发点，营造积极思考、互帮互学、勇于展示、共同探究的学习氛围；另一方面设计课外活动，让学生成为学习的主人，使活动成为学生交流智慧、展示才能的舞台。

比如，英语教师每学期都会举办主题为"享受英语，展示自我"的英语节活动。英语节活动内容丰富多彩，包括英语歌曲、英语配音、课本剧、英语朗诵、英语故事表演等多种形式。当学生把一个个精心准备的节目呈现在舞台上的时候，漂亮的英语口语、入神的表情、幽默的表演无不显示出学生在能力方面的提升。

通过学习节活动，学生学习有劲头、做事有方法，每天充实学习并成长着。教师积极教研，群策群力，研究出一节节激发学生好奇心和求知欲的课程，设计出一个个有效激发学生深度学习热情的活动。这些活动既锻炼了学生的实践操作能力，也培养了学生的多重思维能力。

二、学生发展指导：规划幸福人生

在社会发展多样化的当下，学校面临的一个重要问题就是让学生能获得一种他们所希冀的学习内容和学习方式，从而实现全面而有个性的发展，更好地服务社会与国家。

（一）整合后的学生发展指导中心

教育的可选择性是每一个人根据自己的需要在自身发展上做出某种适切性选择的自由，即根据自己的需要选择适宜自己发展的教育类型、学校、课程甚至学习方式的自由，使教育真正切合个人的发展需要。为此教育应当通过多元化的、可以让学习者自主选择的教学形式，满足不同人对于教育的不同需求，实现每个人的全面而有个性的发展。

《国家中长期教育改革和发展规划纲要（2010—2020年）》提出："建立学生发展指导制度，加强对学生的理想、心理、学业等多方面的指导。"《普通高中学生发展指导纲要（试行）》指出，普通高中学生发展之道是指普通高中为促进学生全面、健康、和谐发展，预防并解决学生发展中的困扰而开展的一项工作，主要包括理想、心理、学业、生活与生涯等方面，是当代普通高中教育的基本职能之一，与教学、管理处于同等重要的地位。2014年，《教育部关于普通高中学业水平考试的实施意见》发布，明确提出高中要对学生开展生涯规划指导教育，从而帮助学生了解自我优势特长和学科能力，做好生涯规划，解决高考"六选三"等问题，促进学生的高中学业和大学教育的科学衔接，避免学生在大学专业报考上的盲目性。随着《北京市关于深化考试招生制度改革的实施方案》的发布，综合素质评价是高等学校招生录取的重要参考；高考改革启动学生选学选考模式，让学生自主选择课程。

对于学校而言，要最大限度地把选择的主动权交给每一位学生，要提高学校的服务能力。

2007年，学校开始开展人生规划教育，把职业教育和生涯规划教育贯穿于德育中，让学生把现在的学业与未来的理想相结合。

2011—2012年，在高中人生规划教育课题的推进下，班主任开始开展生涯规划教育探索。

2013—2016年，学校将课题与德育、心理、班主任工作相结合，进一步加强与完善对学生的理想、心理、学业等方面的教育。

2016年开始，学校进行学生发展指导探索。从开发实践活动到课程建设，从个别指导到全员指导，从硬件场馆到机制保障，从资源开发到推广，逐步形成了系统建构、整体育人、专业化发展、研究引领的学生发展指导工作格局。

学校通过组织结构变革来促进育人方式的创新。过去的组织结构是按照管理职责分工来设置的，如教学处、德育处等，一定程度上割裂了教育内容的完整性。因此，学校对原有的学校组织结构进行了重组，成立了三个中心，即课程与教学中心、学生发展指导中心、教师发展中心。学生发展指导中心是将学校德育处、团委、心理中心和教学处的部分职能整合起来，服务于学生的发展，以此来设计工作制度与内容，将课堂学习、校园活动、社会实践等内容进行了系统化整合，构建整体化的学习实践体系，突破了旧有的德育管理模式的局限性，在德育、教学与管理三者结合上迈出了重要一步。

2017年，结合北京市新高考改革方案，学校构建了"金字塔"式学生发展指导模式，初步形成了学生发展指导的理念与实践体系，并率先召开学生发展指导论坛和海淀区学生发展指导研讨会。

作为引领学生发展指导工作的核心机构，学生发展指导中心组织和指导年级组、班主任、教研室、艺术中心、体育卫生中心等部门开展教育，围绕学生立德成才，将理想信念、生涯规划、生活指导等融入日常教育教学活动、管理工作，形成了新的运行机制。同时，学生发展指导中心还联系高校和科研院所的专家学者，帮助设计与改进教育活动的内容、时机与形式，保证了指导工作的专业性与系统性。学生发展指导中心还不断开发社会资源，为学生了解与参与社会实践提供支持与帮助，实现了指导工作的开放性与协同性。

为了保证指导工作能形成有效抓手，学校还创建了学生发展指导活动区。该活动区为学生提供求学决策和学业管理咨询服务，指导学生选学选考、选课走班、志愿填报等。该活动区安装了自我认知评估设备，帮助学生了解自己在言语—语言智能、逻辑—数理智能、视觉—空间智能、音乐—节奏智能、身体—动觉智能、人际—交往智能、自知—自省智能、自然观察智能等智能方面的优势，从而更好地认识自我。同时该活动区还配备了丰富的有关大学专业设置与职业岗位分类的学习资料，供学生了解大学专业设置与社会职业特征。

学校在实践中充分应用信息化建设的优势，将不同应用模块的数据进行整合与开发，形成了基于大数据的评价与反馈系统，为指导学生发展提供了多样化与个性化的方案。目前，学生发展指导深入推进，围绕课堂教学、学科实践及拓展、社会实践及社团、项目式学习、研究性学习与导师制结合等个性化的指导，全面展开家、校、社三位一体的指导实践。

为更好地解决高中阶段青春期学生与家长沟通、与同伴交往及自身学业与成长等方面的一系列心理问题，学生发展指导中心联合心理学科教研室，由班主任利用班会开展有针对性的系列心理健康教育专题班会。同时，学生发展指导中心联合心理学科教研室成立"梦想启航"学生心理社团。该社团由专业心理教师负责，社团成员均为在校学生。他们在经过心理教师的培训后每周负责推送一些优质的心灵教育类文章。由学校统一安排每周固定时间让社团成员与青春期具有同样成长烦恼且有需要的学生进行沟通与倾诉，净化学生的心灵，以减少学生心理疾病发生的风险；社团的管理则由学校团委学生会社长负责。

每年5月，学生发展指导中心还会携手心理学科教研室开展为期一周的心理健康周活动，向学生宣传心理健康知识的同时，结合高中各年级实际需要开展丰富的益智健心活动。学生发展指导中心的成立让团委、德育处与心理中心相互合作，结合学生的实际需求共同策划设计活动以促进学生的健康发展，得到了学生及家长的一致好评。

（二）"金字塔"式学生发展指导模式

"金字塔"式学生发展指导模式包括一个理念、二个结合、三个途径、四类课程、五个指导。

一个理念是指学生发展指导，帮助学生成就幸福人生。学生发展指导就是要帮助学生在认识自我和社会的过程中发现内心深处的梦想，确立人生坐标，并为实现人生梦想而努力奋斗。人的自觉行为是建立在价值观上的。若无法找到人生的方向，那就无法发现诗意的生活。因此，当一个人实现了自身的价值追求时，是一种成功，更是一种幸福。

二个结合是指在开展学生发展指导的过程中要引导学生把自身智能结构与兴趣爱好相结合，把报效祖国与实现个人理想结合。前者是一个认识自我的过程，后者是一个认识社会的过程。只有把两个认识有机结合起来，才可能做出科学的规划，才有主动、可持续的发展动力。

三个途径即以课堂、活动和研究性学习为主要途径。课堂是育人的主渠道，也是开展学生发展指导的主渠道。学校坚持让学生发展指导融入课堂。每一位学科教师都有开展学生发展指导的责任，通过学科课程的学习与拓展，让学生在课堂上了解学科的价值与发展方向，了解学科的社会贡献，从而确定自己的发展方向。

活动是学生在参与、体验中认识与了解自我与社会的有效途径，也是培养学生的社会责任感，把个人理想融入世界发展的有效方法。活动的内容具体包括志愿服务、社会实践和职业考察等。

研究性学习不仅能培养学生的科学思维与知识的综合应用能力，还能让学生充分了解与感受自己感兴趣领域的特点。研究性学习是以学生从学习与社会生活中获得的各种研究课题或实验项目以及作品设计与制作等为学习载体，让学生除了学习科学文化知识与研究方法，获得丰富且多方面的体验外，还能深入地感受与体验这个领域的特点与工作方式，为未来是否选择朝这个方向发展提供重要的经验。

研究表明，研究性学习不仅是培养学生科研能力、综合素质的有效途径，还对学生的未来职业选择有着重要影响。比如，李同学研究的课题是 IPv6 无状态地址自动配置安全性改进方案的研究，后考入北京航空航天大学学习计算机专业。张同学研究的课题是可重构串联式履带机器人结构设计与制作，后考入南京航空航天大学学习自动化专业。温同学研究的课题是植物内生真菌活性物质筛选方法的研究，后考入北京工业大学学习食品质量与安全专业。可以看出，他们的大学专业选择与研究性学习有着高度的相关性。

四类课程主要包括学科课程、社团课程、社会实践课程和游学课程。学科课程是学生学习文化知识和培养能力的基础，也是学生了解社会分工的基础。学科课程能培养学生适应终身发展和社会发展需要的价值观、必备品格和关键能力，为学生未来发展打下坚实的基础。学校编制了《学生发展指导学科融入指导意见》，指导教师在学科教学中融入发展指导的思想与内容。社团课程主要是满足学生的兴趣和特长发展的需要。社会实践课程让学生在广泛的参与体验中获得发展的主动性。游学课程是为了加深学生对于人与自然、社会和谐相处的认识，增进学生对不同文化的理解和包容。

五个指导是对学生的品德、学业、心理、生活和职业方面进行指导，帮助学生全面而有个性地、健康和主动地发展。

（三）整体推进的五类指导课程

基于学生德智体美劳多方面发展和核心素养提升的需要，学生发展指导课程分为品德指导、学业指导、生涯指导、心理指导、生活指导五类。

品德指导课程旨在引导学生树立理想、践行社会主义核心价值观，培养健全人格、养成文明素养，成为合格的公民。它具体包括四种，即红色课程、金色课程、绿色课程和蓝色课程。红色课程是以传承传统、弘扬民族精神、培养爱国主义及革命传统精神为核心的课程，旨在加强理想信念教育，主要培养学生的爱国主义、集体主义精神，培养学生的责任与担当意识，使学生热爱社会主义，继承和发扬中华民族的优秀传统，引导学生科学践行社会主义核心价值观。金色课程是以品格修养、文明行为养成为核心的课程。比如，利用军训课程培养学生的意志品质；设置爱心资助水站、免监考场、自助图书角、自助售餐机等，培养学生的诚信品质；进行为福利院儿童捐款、到打工子弟学校做助教、到敬老院做志愿服务等爱心感恩教育。绿色课程是以尊重生命和促进个体发展为主的课程，包括国土国防、红十字会、交通、消防、卫生保健、生命安全、生态环保、生活、法制等教育。蓝色课程是以了解多元文化为核心的课程，包括海洋意识和海洋文化教育、国际游学教育、国际理解教育、环境教育等。

学业指导课程旨在帮助学生制订科学的学业发展规划，合理地选课选考，顺利、高质量地完成学业。它具体包括两种，即新生入学教育课程和选课走班指导课程。新生入学教育课程旨在让学生学习高中课程方案，进行学法交流、社团招新、才艺展示、团委学生会竞聘等活动，让学生入学后就开始思考如何度过一个有意义的高中生活。选课走班指导课程旨在通过生涯课程的学习，借助测评系统，让学生进行模拟选课，引导学生进行思考和规划，最后做出科学选择和决定；建立导师制，开展师生一对一的沟通交流，对学生进行个性化指导。

生涯指导课程旨在帮助学生树立自主发展的观念，引导学生认识自我、发现和发展兴趣特长，通过环境和职业探索，明确发展方向，掌握生涯规划的技能；引导学生把当下的学业和未来的生涯发展有机结合，让学生成长为最好的自己。生涯指导课程以学生的发展需求为依据，以体验学习、探究学习、问题解决学习为主要形式，以测评和辅导为辅助手段，培养学生查找信息的能力、分析解决问题的能力、与他人合作交往的能力、做事决策判断的能力以及适应社会的能力。

心理指导课程旨在引导学生做好心理卫生保健，培养学生的积极心理品质，塑造学生的健康人格，实现学生的身心全面和谐发展。学校根据学生不同年龄阶段的心理特点，开设色彩系列的心理指导课程。它具体包括红色心理课程、绿色心理课程、蓝色心理课程、橙色心理课程、紫色心理课程五种。心理指导课程采用活动体验的形式，在活动中注重指导学生解决成长中所遇到的较为普遍的问题，增强学生的接纳与欣赏自我能力、生活适应能力、人际交往能力、情绪管理及学习能力。

生活指导课程具体包括值周育人课程、生命与安全指导课程、社会交往指导课程、闲暇与品味指导课程四种。值周育人课程旨在让学生完成校园环境的维护、中午食堂秩序的管理、校园文明礼仪的提醒等任务，培养学生的热爱劳动、勤劳俭朴、珍惜劳动成果等品质。生命与安全指导课程旨在指导学生获得必要的知识和技能，并将其运用到实际生活中，确保学生过上健康且安全的生活。社会交往指导课程旨在培育学生的社会公德心，让学生形成正确的社会习惯及礼仪行为，培养学生的自治行为及规范的服务行为，指导学生进行择友、同他人合作以及协调各方面关系，培养学生的协作、团队和领导力以及国际理解与全球参与能力。闲暇与品味指导课程旨在使学生自觉认识到闲暇活动的重要性，选择适合自己的闲暇活动并且善用闲暇时间；指导学生正确对待生活，有意义地利用学习以外的余暇时间，合理地安排活动，让生活丰富多彩、充满乐趣，成为一个有品位、有志趣的文明公民。

（四）基于大数据分析的科学指导

2011年，学校建设了集合教学管理、德育管理和服务保障为一体的数字校园系统。该系统能够实现不同应用间的数据共享，为基于大数据的学生发展指导提供了技术保障。目前，该系统包括60多项应用，包括智能结构测评系统、性格特征测评系统、职业能力综合测评系统、成绩分析系统、选课指导系统。同时该系统也能够记录学生的日常学习生活，形成数字画像。

智能结构测评系统、性格特征测评系统与职业能力综合测评系统，是通过专业化工具的测评，帮助学生更好地认识自我。其中的多元智能测评帮助学生了解自己的优势和劣势智能，明确自己应该如何扬长避短，确定自己擅长的职业类型；性格测评帮助学生了解自己的性格类型，知道如何在工作环境中发挥自己的性格优势，也明确自己适合什么样的工作环境，确定自己适合的工作类型；职业兴趣测评帮助学生了解自己的兴趣类型，根据兴趣类型确定适合的职业领域；职业价值观测评帮助学生了解自己的价值观，找到与自己的价值观一致的职业。这些不同类型的测评会给出职业推荐，在能力特征与职业兴趣中寻找交集，结合学生的生活体验，进行"人—职匹配"，从而使学生找到自己适合的职业类型。

基于数字校园过程性数据采集平台，学校开发了学业成长记录管理系统和高度个性化的学业报告系统，对学生的学业成绩进行个性化分析，形成了个性化成绩单。依据个性化成绩单，学生不仅知道自己的学科成绩，而且可以直观清楚地看到自己的优势是什么和问题在哪里，以此达到自我完善和改进的目的。该平台将学生的学习过程、日常表现、班级活动等进行积累性记录，形成成绩单，既能督促学生在日常学习生活中养成良好的习惯，在细节中提升个人素质，又能促进学生的全面发展。

（五）科学量化的选课选考指导

学校利用学业分析系统对学生一段时间的学业表现进行系统分析，通过对比分析发展趋势，为学生提供个性化的选课选考指导。

第一，该系统以标准分数为参数，结合试卷的难度系数，呈现学生的考试成绩在班级中的相对水平。具体做法是，用每次考试的原始分数乘以试卷的难度系数，将计算结果作为难度系数不同的每次考试的分数；然后算出标准分数；最后算出若干次考试的标准分数的算术平均数作为最终分数。分数越高，说明学生的考试成绩相对同年级其他学生更好。第二，该系统以标准差为参数，呈现学生考试成绩的稳定性状况。具体做法是，计算每个学生每个学科若干次考试的标准差，对其进行排序，呈现学生的标准差排名。排序越高，代表成绩的波动越大，稳定性越低。第三，该系统以考试成绩变化的趋势为指标，呈现学生考试成绩的走向。具体做法是，以考试次数为横坐标，以考试分数为纵坐标，计算考试分数与考试次数组成的直线的斜率。斜率为正，为上升趋势；斜率为负，为下降趋势。推荐选择的科目是处于上升趋势的科目。

学校在此基础上为学生提供学科兴趣、学科能力和学科自我效能感的分析。学校利用自我评估系统分析学生的学科兴趣、学科能力和学科自我效能感的等级，提供优势学科的参考。所以，学校通过对学生优势学科测评和职业兴趣类型的对比分析，让学生更全面地认识自己，科学地进行能绩匹配，确定选考科目组合。

学校还整理了高校专业信息，方便学生查询自己的目标大学、目标专业的限考要求，尽量避免科目选择对未来发展造成的局限性，最终帮助学生实现学习目标。

（六）开启幸福人生的第一把钥匙

通过开展学生发展指导，学生对学习目标更加明确，学习的积极性与主动性得到明显提高。通过开展选课指导，大部分学生能自主地选择适合自己的学科组合；少数学生经过个别化指导后，也做出了自己满意的选择，实现了新旧高考的平稳衔接。在青少年这一个人发展的关键期，科学、全面的学生发展指导犹如第一把钥匙，为学生开启了幸福人生的第一重门。

通过对学生的积极心理品质、生涯成熟度、发展的主动性、幸福感前后测数据对比分析可以看到，学生发展指导课程对于学生品格、生涯规划能力的培养等都有着明显的促进作用。一是对学生积极心理品质的形成有促进作用。学生的学习态度、兴趣与好奇心、灵活创新、领导能力、自我调节、积极乐观、关爱友善七项积极心理品质都得到了发展。二是学生的生涯成熟度有提高。学生发展指导课程对学生认识自我和职业与教育环境有很好的促进作用，并且有助于增强学生对自身生涯决策的信心。三是学生发展的主动性有提高。根据各维度差异检验结果，广度、计划性和执行性三个维度的后测成绩高于前测，且差异显著。这说明学生开始考虑自己更长久的未来生活，更愿意为自己的目标制订计划，并积极采取行动。学生在思考未来的密度上，后测成绩显著低于前测成绩。这可能是通过学生发展指导课程，学生对自己的未来进行了深度思考，并有了较为明确的目标，因此不再把精力过多地放在思考未来上，而已经开始在为未来的目标制订计划并付出行动。四是学生的幸福感有提高。学生当下的积极情感这个维度的后测成绩显著高于前测成绩，说明学生发展指导课程有效增强了学生当下的积极情感。相比之前，学生更多地感受到神清气爽、充满力量、感受到快乐、在学习中感到兴奋。

生涯规划是一个不断探索、循环的过程。学校通过引导学生感知生涯、了解生涯，在认识自己的兴趣爱好、能力、性格和价值观的基础上确立自己的目标，探索职业和体验职业，了解自己将来从事的职业并做好知识储备，使学生的生涯素养和规划认识能力得到明显提高。在此基础上，学校引导学生结合个人兴趣、专长以及社会现实需求做出科学理性决策，真正强化了学生自主选择、理性决策的生涯素养。

为了更好地开展学生发展指导，学校对全体教师进行了全面培养，引导教师按照发展的理念开展教学，使教师的育人理念和能力都得到了提升。教师在教学中更加重视课堂与社会的联系，更加尊重学生的差异，既促进了学生核心素养的提升，也提高了自身的专业水平。许多教师在市区教学风采展示与科研成果评比中获奖。

进入新高考以来，学生发展指导成为一个育人理念和重要的育人制度，成为指导各项改革举措的价值标准。在学生发展指导理念的引领下，学科教研和课堂教学的内容与方式都在不断发生变化。联系实际、注重应用、尊重差异的教学理念不断增强，教风与学风都得到完善。"问题即课题，备课即研究"，做研究型教师蔚然成风。

三、让阳光洒满每颗童心

中小学生正处在身心发展的重要时期。随着生理、心理的发育和发展，社会阅历的扩展及思维方式的变化，他们在学习、生活、人际交往、升学就业和自我意识等方面会遇到各种各样的心理困惑或问题。因此，在中小学开展心理健康教育，是学生健康成长的需要，是推进素质教育的必然要求。

学校一直以来重视心理健康工作，把心理健康教育作为脊梁教育的基础工程。学校以积极心理学为指导，立足学生的实际需求，创设良好的环境，通过多种途径实现心理健康教育的层级目标，做好心理卫生保健、健康人格塑造工作，开发学生的心理潜能，展现学生五彩的青春风貌，让阳光洒满每颗童心，为学生的终身发展奠定基础。

（一）五彩心理健康课程——心灵深处的相遇

学校根据学生不同年龄阶段的心理特点，开发了色彩系列的心理课程体系——五彩心理健康课程。图 2-11 为学生心理健康教育活动。

红色心理课程：红，是一种鲜艳的颜色，鲜艳夺目，极具警示作用。红色是生命、活力、健康、热情、朝气、欢乐的象征。我们将青春期心理辅导和情绪管理专题内容纳入红色心理课程。

图 2-11　学生心理健康教育活动

　　绿色心理课程：绿色是大自然界中常见的颜色，代表着清新、希望、安全、平静、舒适、生命、自然、环保、成长、生机、青春。我们将社会适应和生命教育专题内容纳入绿色心理课程。

　　蓝色心理课程：蓝色是最冷的色彩。蓝色非常纯净，通常让人联想到海洋、天空、水、宇宙。由于蓝色沉稳的特性，其代表秀丽清新、宁静、思考、理智、安详与广阔。我们将学习和生涯辅导专题内容纳入蓝色心理课程。

　　橙色心理课程：橙色是介于红色和黄色之间的混合色。橙色是欢快活泼的光辉色彩，是暖色系中最温暖的颜色。橙色带来明亮、华丽、健康、兴奋、温暖。我们将人际交往与沟通专题内容纳入橙色心理课程。

　　紫色心理课程：紫色是由温暖的红色和冷静的蓝色叠加而成的，是极佳的刺激色。紫色给人的心理感受是沉思、思考和沉淀。我们将认识自我专题内容纳入紫色心理课程。

　　心理课程是生命与生命的相遇，这种相遇只有在足够的安全感和信任感中才能更好地碰撞和交融。在课程实施中，学校整合专业有效的活动范式，如情景剧、测评游戏、拓展活动、即兴创作等；同时将更多有趣的素材引入心理课堂，如不同节奏感的音乐、不同质感的画笔、各种颜色形状的纸片、丰富的测评游戏，甚至玩偶、沙具、树叶、石头等。学生跟随自己的潜意识自由地创作和宣泄，而后通过言语的述说和表达实现意识层面的整合和升华，从而让内在的情绪和需要被看见和观照，让心灵得到舒畅的按摩和呼吸。正如下面这些学生的心声。图2-12为学生创作的作品。

在"放松冥想"课后，学生说："很舒服，就像洗了热水澡。""很放松，很平静，没有之前那么焦虑了。""我感觉能考上理想的大学了，感到莫名的自信。""刚才的感觉太美妙了，我打算更加珍惜以后的生活，珍惜身边人。""我似乎看到了一把钥匙，我觉得很快就能找到答案了。"

在"兴趣岛幻游"课后，学生说："我并不擅长做决定。在心理课的兴趣幻游活动中，我犹豫了好一阵最终选择了艺术岛。课上的这个选择影响了我很长一段时间，我总会有意无意地关注自己身上到底有没有艺术特质。结果是有艺术特质。我发现自己在一些事情上有很多有创意的想法，有自己很坚定的独特的审美，特别喜欢编写一些天马行空的故事，热爱浪漫主义的小说。这是非常惊喜的发现，就像挖到了自己的宝藏一样，我也比之前更加认可自己了。"

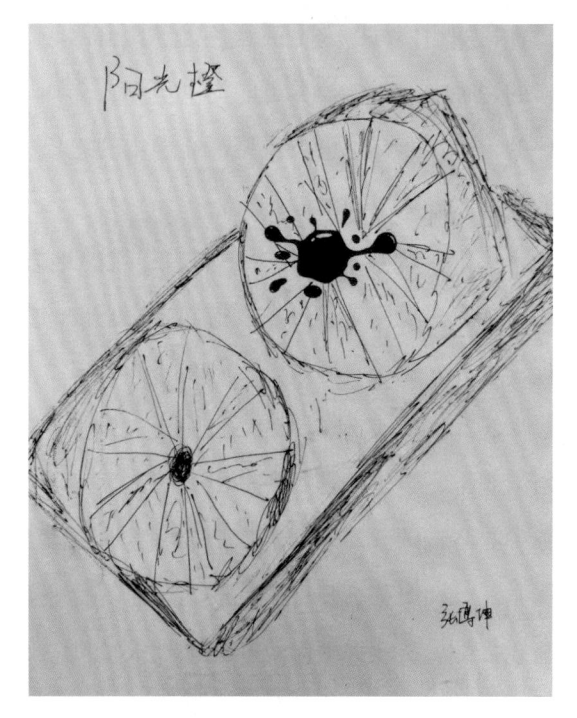

图 2-12　学生创作的作品

在"气质揭秘"趣味测评课后，学生写下这样的感受："这个游戏测试出我内心深处的一些特点，这是我一直不愿、不敢承认的。但自从这节课后，我就试着接纳自己，很多时候不再强迫为难自己，试着把视线从自我的过度关注中转移到他人，试着关心他人，与他人融洽相处。"

在"沙盘即兴"课上，学生这样说："我在日常生活中不善于挖掘自己的情绪，感到非常压抑，但这节心理课让我知道原来人还可以这样去表达情绪。当我借用一个玩偶述说出我的心情，尤其是得到很多同学的共鸣后，整个人感到很通畅和愉悦。"

我们相信每个学生都有各自寻找自己心灵答案的钥匙，心理课程是通向自我探索的途径之一。学校尽可能提供足够安全和丰富的空间，让学生柔软敏感的心、彼此的善意都能在这里被看见，让学生的想象力和洞察力都能在这里绽放，让大家都能找到内心更多的宝藏。

（二）梦航成长社——梦想起航的地方

梦航成长社是学生发展指导中心下设的学生心理社团，旨在分享关于学习、心理、生涯、成长中的所思、所闻、所感。

2020年，梦航成长社发起了"心理学从业N种可能"活动。在心理教师的联络组织下，学生接触到各种类型的心理工作者，包括北京师范大学心理健康教育服务中心咨询师、北京师范大学家庭教育专家、北京基础医学研究所研究员等，涵盖医学、社会服务、教育、互联网企业等行业。历经一个月的访谈，包括小组组建和路线分配、访谈提纲制订和访谈礼仪培训、访谈时间和方式确定、访谈实施和音频录制、访谈汇总和报告分享五个方面。

小欣同学来自高一年级，当初怀着对心理学的热爱加入社团，希望未来从事心理相关职业，但对心理学的初印象就是影视屏幕中的心理咨询师。恰逢高一年级开设生涯指导课，教师鼓励学生去了解自己感兴趣的专业和职业，以帮助自己更科学地选科，更理性地做生涯规划；社团也刚好发起了"心理学从业N种可能"的活动。于是她参加并负责了其中的一个访谈。她要访谈的是一名婚礼策划师，她特别想知道这名婚礼策划师是为什么走上了一条听起来跟心理学不相关的职业道路的。

以下内容摘自小欣同学的访谈日志。

访谈人物的个性特征分析： 从霍兰德兴趣代码来看，郑老师偏A（艺术型），遵从自己内心、喜好，较为自由，重视审美，喜欢挑战自我，喜欢新鲜感，乐于创造新颖、与众不同的成果。当然也能感受到郑老师偏S（社会型）的部分，友善亲切，善于与人联结；还有I（研究型）的部分，求知欲强，学习力强，果敢理性。

访谈感悟关键词： 自由、热爱、体验

自由，原来也有限制

很多学生都向往未来从事自由职业。经过访谈，我们对"自由"有了更辨证的理解。比起朝九晚五的固定工作时间，郑老师的确比较自由，可以选择自己较为方便的时间。但是自由的另一面其实意味着"限制"，也就是"不自由"，因为她需要跟着顾客的作息来决定自己的工作时间。比如说，在正常的工作日，郑老师需要在顾客的下班时间讨论婚礼事项。若顾客时间有变，那么郑老师的工作时间也必须调整予以配合。

工作内容和工作方式上也能感受到郑老师的"自由"。郑老师可以在婚礼设计和布置中自由发挥她的创意与灵感，在花艺和绘画等诸多爱好中积累自己的审美经验。这份工作需要的是融入个人生活方式的审美精神，需要从内而外散发出对生活的热爱、对成长的追逐、对美和自由的渴求。

热爱，不变的选择

在婚礼行业，从业人员的学历较为中等，如花艺、策划、主持等。郑老师可以说是国内婚礼行业的较高学历者。郑老师从哥伦比亚大学毕业后也得到过很多年薪较高的工作机会，但她都选择放弃，最终投身给自己、给他人带来美的享受的婚礼策划领域。这背后就是热爱的力量。

体验，每一步都在书写生涯

不知大家有没有心中热爱的事情呢？我们特意向郑老师询问她是如何找到自己所热爱的行业的。她告诉我们，能找到心中热爱也不是一蹴而就的。当初出国留学，她没能读到脑神经科学专业，而读了婚姻家庭专业。没想到这始料未及的转变却也一点点成就了她最终的职业选择。既来之则安之。换了专业方向的郑老师依然保持着求知欲，并在积极的专业实践当中对人与人的联结有了更深的体验和热爱。最终的职业选择是因为一次难忘的经历，那是在留学期间她以主办者的身份承办了一次国际交流论坛。在这次论坛中，她发现自己在组织、策划、协调、危机应对等方面都非常成功。而这些也为她毕业后选择婚礼策划奠定了坚实的自我认知基础，因为婚礼策划需要的是强大的公关处理、危机处理、创造性解决等基本能力和素养。这便是第三个关键词：体验。我们需要在体验中遇见更好的自己，发现自己的潜能和优势。我们走的每一步都在书写着我们独一无二的精彩生涯。

在社团活动中，来自不同年级、不同班级的学生克服时间紧、任务重的困难，合理平衡学业和课余实践的关系。最终，每名参与社团活动的学生都有所收获，对社团这个大家庭有了更强的归属感，对自己的兴趣能力有了更清晰的认识，对职业精神有了更立体的理解，对职业意向进行了再反思、再确认，对可期的未来有了更理性的展望。当然主要的是对心理学这个专业有了更直观的了解。他们了解到专业和职业并非一一对应的：有着同样的专业背景未来可以从事很多不同类型的职业；而同一份职业可能需要不同专业背景的职业人士。当然所有这一切都离不开心中的热爱，而这份热爱又是源于我们对自我、对职业环境的了解和匹配。了解和匹配的过程就是我们体验的过程，真切地投入，真切地耕耘。图2-13为学生心理社团活动。

职业万万千千，社团活动中学生有幸探索的只是冰山一隅。但是，体验过程弥足珍贵，学生非常愿意从这里出发远航！今后，或许学生还会遇到许多无法得出答

图2-13 学生心理社团活动

案的问题，为了寻求答案很多时候必须学习、努力、磨练和体验。其实社团就是帮助学生创设必要的活动情境，在学生的青春年华多点一盏灯、多搭一方舞台，指导学生建构自己的经验，帮助学生获得对世界知识的理解、对自我的多元认识。

（三）爱自己才能更好地爱他人

为宣传心理健康知识、普及心理健康理念，学校心理中心连续多年在全校范围开展以"青春校园，美好心情""给心灵一片蓝天""放飞理想，规划人生""和谐人际，微笑随行""与心灵相约，与健康同行""温暖你我，青春同行""'疫成长'，心健康"为主题的心理健康文化周活动，以引导师生树立正确的心理健康观念，提升自我、人际、适应、学习等各方面的能力，为建设和谐社会、和谐校园、和谐心灵服务。

心理健康文化周活动丰富多彩，不仅面向各年级学生，还面向教师和家长群体，包括心理知识问答、心理趣味测验、心理健康讲座、心理电影赏析、魅力沙盘、团体辅导等。图2-14和图2-15为学生参与心理健康文化周活动。每个教育心理活动都能激发师生的参与热情，取得良好的效果，营造出积极维护心理健康的浓郁氛围，扩大心理健康教育的影响。

525心理周，是与五彩青春的幸福约定。在我们搭建的通向幸福的快乐列车上，我们看到了学生对内在心灵

图2-14 学生参与心理健康文化周活动（1）

图 2-15　学生参与心理健康文化周活动（2）

的好奇、对自律自制的成就感、对学习奋斗的新体验、对青春梦想的向往、对网络技术的接纳、对国家社会的信任。每一张笑脸、每一段文字、每一份投入都洋溢着青春、阳光和活力。只是给了学生一个声音被听到的机会，只是给了学生一个心灵被看到的画板，他们就让我们感受到了青春的张力和斑斓。

（四）幸福驿站，找回幸福的初心

"只有自己拥有一个春天的生命，才能帮助别人创造一个生命的春天！"幸福的教师是热爱生活的教师，如此才能为学生提供和谐幸福的校园生活，为学生未来的幸福生活奠定积极的心理基础。学校依据积极心理学相关理论和技术，通过形式多样的心理服务活动，如幸福感讲座、舞动体验、团队活动、班主任培训等，让教师在活动中增进与他人的交流，拓宽视野，体验心理技术在建立关系、职业发展和个人生活中的积极力量，开发心理潜能，激活工作热情，强化学习力，增强自我效能感，提高生活满意度，增强主观幸福感。最终会让教师在职业生涯中体验到自己的价值和意义，让学校成为教师创造自己幸福人生的职场，让心理健康教育在教师专业发展中发挥重要作用。图 2-16 为教师参与心理健康教育活动。

图 2-16 教师参与心理健康教育活动

在促进学生、教师心理健康成长的同时，学校积极回应家长的成长需求。为促进学生身心的健康成长，学校积极构建家、校、社三位一体的共育体系。一是创新家校交流沟通方式。学校利用校园开放日、家长开放日等活动，利用微信家长群、班级公众号等平台，让家长及时了解班级教育教学的情况，了解学生在学业生活等方面的真实表现，做到及时沟通、积极配合。二是发挥家长志愿者的积极作用。学校根据家长的特长和专业背景，开展家长进课堂活动，引导家长关心教育，积极参与教育管理和决策。三是广泛开展家长成长活动。学校采用讲座报告和团体辅导相结合的方式，从认知到情绪再到行为逐步渗透育人理念，引领家长从最初解决学生的问题转向自我成长探索。学校前期开展大量学生及家长问卷调查，收集学生的作品，引导家长了解学生的内心世界，反思自身行为与学生表现之间的关系，在自省的基础上提升成长的意愿和动机。在团体辅导中，学校引导家长在活动中自我觉察，在体验中自我领悟；借助家长自身的资源，让家长互助、自助，学习以健康的心态和正确的家庭教育理念陪伴学生成长，从而更有动力回归到解决教育学生的问题当中，获得心理成长。

第三节　科技为创新未来蓄能

进入21世纪，学校着力让每个学生成长为综合素质全面、有创新精神和实践能力、敢于担当社会和国家责任的人。

为了培养学生的科学素养，学校的科技教育面向全体学生，为学生的学习研究、展示交流和提升发展提供平台。学校通过发挥地缘优势，与周边高校和中关村产业园、科技园开展深度合作，与手拉手学校、社区街道联手开展科技活动，形成科技教育协作体，为学生科学志趣的发展提供丰富的学习资源。学校通过研发传授科学知识、发展科学思维和动手能力的科技课程，成立科技教育中心，积极开展科技社团活动，为学生成长为创新型人才奠定了基础。

一、开学第一周：科技社团迎新纳秀

新学年开学的第一天，高一年级（1）班的小昊和他的新同学正行走在校园里，突然看到食堂前面聚集了很多人。出于好奇，他们也一起跟过去看了看，原来是科技社团在进行新学年社员招新。科技教育中心主任和13个科技社团的师生正在通过海报和表演展示等各种各样的活动吸引新同学加入社团。

围观学生纷纷好奇地问："这个小车能够抓住杯子啊！""机器人在爱心里面跳舞呢！"科技社团成员与豪同学从结构设计和编程等方面给同学们一一解答疑惑："小车的头部有寻迹模块，它通过发射红外线来识别出黑带并沿着黑带运动。而机器人的动作是我们通过编程来设定的，依靠舵机转动。"

小昊同学激动地说："从编程到电路设计，我觉得自己能做出小车是一件很了不起的事情。"了解了各科技社团的主要课程和活动，最后小昊同学选择参加智能机器人和创客技术社团，开启了中学阶段的科技创新探索之路。

学校作为中国科协"英才计划"基地校、北京市创新人才培养"翱翔计划"基地校、北京青少年科技后备人才早期培养计划基地，一直高度关注科技创新人才的培养。

目前学校已经完全开放的科技社团有电脑制作社团、信息奥赛社团、生物创新社团、OM 和 DI 社团、创客技术社团、电子技术社团、天文观测社团、无线电测向社团、业余电台社团、单片机编程社团、智能机器人社团和智能航行社团。科技社团活动丰富了学生的课余生活，培养了学生的个性特长，满足了学生全面而有个性发展的需要。

二、"火星车"飞起来了：人人都是小设计师

2020 年 4 月 24 日，中国行星探测任务被命名为"天问系列"。7 月 23 日，长征五号遥四运载火箭托举着"天问一号"探测器顺利升空，飞行约 7 个月抵达火星。"天问"这一名称源于屈原的长诗《天问》，表达了中华民族对真理追求的坚韧与执着，体现了对自然和宇宙空间探索的文化传承，寓意探求科学真理征途漫漫，追求科技创新永无止境。因此学校的科技制作主题为"天问 X 号"火星车设计与制作。

接到比赛通知后，每个班级都组建了纸板车制作小组。成员在专业教师的指导下，充分利用课堂和业余的时间，进行了缜密的方案讨论、雏形设计、实施和测试。此项任务的难点不仅包括制作车身、车轮，还包括悬挂和车轴都需要用瓦楞纸制作。如何切割出特定的形状？如何保证车体结构的稳定性？很多班级的纸板车制作小组放学后仍在讨论方案，为比赛进行最后的方案优化。结果到底如何呢？

终于到了比赛日，来自七年级 14 个班级的 14 辆纸板车统一亮相（图 2-17）。"勤奋求实向上"战斗车、大鹏展翅的雄鹰车、开心的贪吃豆车、移动的箱式车、平稳的手推车、探索号……各种造型的车好不热闹。随着"预备，跑！"的口令发出，比赛开始了！所有学生都毫不吝啬地为每个参赛队员献上了掌声和欢呼声。负责拉车和推车的学生个头高、力气大；而乘坐纸板车的学生胆量大、心理素质强。毕竟谁坐过飞奔着的纸板车呢？

有的纸板车设计精良、稳定性强，特别是在车轮的设计和制作上有着明显的优势，因此在比赛中脱颖而出。而有的纸板车的车身设计上没有过人的优势，但是全组人员配合默契。就连乘坐在车上的学生，即便是置身狭窄的空间，也极力地、有

图 2-17 纸板车展示活动

节奏地晃动着身体，做到了三人一车步调一致，结果也取得了不错的成绩。当然本次比赛场上也呈现了别样的"精彩"：有的纸板车在中途出现车身和车轮脱落问题，导致乘坐的学生跌落在跑道上，两个车轮飞出了跑道。有的纸板车出发不久,就发生"意外"。乘车的学生反应迅速，举起脱落的车身继续奔跑。而负责推拉的两位学生则依旧拖拽着残留的车体直至终点，虽败犹荣。

纸板车制作看似简单，却是一个耗时、费力的大工程，需要学生思考如何保证结构的稳定性，如何实现火星车的稳定行走。在这个思考过程中，师生利用所学知识群策群力，在结构制作、智能电路搭建、班级文化内容展示、艺术造型等方面发挥各自的特长。

学校在每年 10 月都会举行校园科技节。校园科技节紧紧围绕主题活动，会让每一个学生听一场科普报告，观一个科研基地，读一本科普书籍，做一个科技作品，入一个科技社团。学校通过丰富多彩的校内科技活动，普及科普知识，展示科技魅力,让学生体验科学实践,感受创新力量。这不仅能提高学生的创新意识和实践能力，还为能学生未来个人发展奠定基础，是将个人发展与国家发展相结合的脊梁教育。

此外，学校每年开展全校性的校园科普日活动，如在世界环境日、世界气象日、世界地球日开展"防治雾霾现晴空,碧水蓝天任我行""应对全球气候变化,践行校园低碳生活""走进科技时空,拥抱智慧生活"等主题活动,组织学生参加全国科普日及北京学生科技节等展示活动。

三、科技教育协作体：在科学家身边成长

当学校资源无法完全满足学生的需求时,学校顺势而为,积极开发和利用校外教育资源,依托大学、企业、社区,构建了大学、中学、小学一体的科技教育协作体。2014年,学校成立北京市第二十中学创新人才培养协作体,对于科技教育发展和创新人才培养模式都具有极其重要的意义。可以说这是一个搭建平台、资源共享、汇聚人才、聚集能量的举措。

航天英雄景海鹏作为首批协作体专家在学校给学生做航天科普励志专题报告。景海鹏说："航天员要接受的每项训练都十分艰苦,最艰苦的是离心机训练。""离心机训练是提高航天员抗过载能力的项目,通过机械臂高速旋转,让航天员的身体适应加速度带来的超荷载。"在训练过程中,虽然航天员的手边都有一个"停止"按键,但在一次次挑战生理极限的训练中,没有一名航天员按下报警器而放弃训练。景海鹏希望为学生插上航天梦想的翅膀,让学生敢于有梦、敢于探索、敢于创新。

学校陆续与中国航天员科研训练中心、中国工程院、中国科学院、清华大学、北京大学、北京航空航天大学、北京理工大学等大学和科研院所合作,与上地科技园区、东升科技园区、华为、腾讯、小米等高新技术单位合作,组成资深科学家、专家科技顾问团。倚天同学怀着对信息技术领域的热爱,借助学校的协作体平台,走进清华大学网络研究院;他在毕军教授一对一的精心指导下,经过一年多的实验室课题学习研究,提出IPv6无状态地址自动配置安全性改进方案。这一方案针对新一代互联网技术的研究具有很强的时代特点。他因此受邀参加第二届北京青少年翱翔科学论坛,并获得第十届"明天小小科学家"二等奖,还获得第九届"北京青少年科技创新市长奖提名奖"。

四、科技课程：助力学生全面而有个性的发展

小豪同学善于思辨、渴望探索未知科学领域。作为中国科协"英才计划"的学员，物理、通用技术、信息技术等学科的教学内容对于他而言有着特殊的意义。他希望能够利用科学理论知识和基础技术设计理论解决在科技实践当中遇到的诸多问题。人工智能主题科技选修课的选课时间到了，他既心生欢喜，又感到无比困惑。欢喜的是他可以上自己喜欢的课；困惑的是所有选修课同时开设。智能家居、几何机器人、火星车设计、数据与数据结构、网络基础、机器人工程、无人机与人工智能等课程都是他喜欢的，但是因为时间原因只能选两门。最后在机器人社团教师的建议下，小豪和团队其他几名学生分别选了不同的选修课。课后他们回到社团一边准备科技比赛项目，一边分享选修课上学到的知识，把社团活动、科技竞赛变成知识应用的实践场。

课程是让核心素养萌芽生根的"教育土壤"，它在促进学生全面发展的同时，也为学校积淀了更为厚重的文化底蕴和教育情怀。学校依托校本课程体系，开设了科技课程。科技课程重在科学知识的传授、科学思维和实践能力的培养。共同基础类、拓展应用类和创新发展类科技课程面向全体学生，又满足具有不同志趣方向学生的需求。

五、累累硕果：培育脊梁人才

刚入学的致豪同学总是坐在班级图书角看《小牛顿科学馆》《科学世界》等科普类杂志。这类杂志里面有航天航空、地理、力学、化学等基础的科普知识。细心的班主任发现了他的这一爱好，就推荐他参加科技社团。通过学习机器人课程，他比其他学生更早接触电脑编程、机器人组装、物理力学和电学、数学函数和立体几何等知识。这对他后来的学习有很大的帮助。

在学校6年，致豪同学参加了各类机器人竞赛和科技创新活动。他记忆最深的还是第一次参加机器人比赛时要设计完成具有自动翻越障碍功能的机器人。由于他

是第一次参加比赛,没有经验,指导教师感觉他有点紧张,就对他说:"这次区级比赛我们先多积累一些比赛经验,如果赢了就可以与市级的高手一决高下了。"指导教师的话像给他打了一支强心针。虽然每个星期他只能抽出三天的中午时间去训练,但是他认为,敢于挑战的人永远比他人更接近成功。就这样在他和教师、同学的共同努力下,他第一次参加比赛就获得了区级机器人比赛一等奖。之后他也越做越好,参加北京市和全国的机器人比赛,均获得了优异成绩。

升入高中后,为了进一步进行机器人的课题研究,致豪同学参加了翱翔计划,进入北京理工大学智能机器人研究所,研究机器人项目。他研究的课题是自重构串联式履带机器人结构设计与制作。他说:"这个课题有两个主要的关键词。第一个是自重构。自重构机器人的每一个结构单元相对小巧,能够组成多种构型,完成普通的固定构型机器人所无法完成的复杂操作,如无人区(外星球)探索、灾后救援等。第二个是串联式履带。由于传统单履带移动机器人的固有缺陷,其能够跨越的障碍物高度受到了极大的限制,机器人通过多辆单履带车相互铰接,大幅提升了其能够跨越的障碍物高度。我设计的这款将电磁吸盘作为连接方式的自重构串联式履带机器人,成功结合了以上两种机器人的优点,同时克服了两者固有的缺点。"

致豪同学 6 年在科技教育平台上不断成长,在 FRC 美国国际机器人大赛中获得最佳新秀奖、在 FTC 世锦赛中国公开赛上获得二等奖。他通过自主招生考入南京航空航天大学,并以竞赛保研的方式进入北京理工大学智能机器人研究所。他书写了自己的辉煌。用他自己的话说:"中学时代的科技创新经历丰富了我的经验、知识储备和学习方法,从而帮我筛选出适合自己的项目,并且使我能够快速投入进去。大学的科技创新环境十分开放,项目的来源包括校级科技创新立项、企业命题、教授课题以及竞赛立项等。对于本科生来说,我们能完成的项目数量是相对有限的。这就需要我们能发现可能的项目机会并且判断出自己是否适合参与进去。此外,大学课堂上的知识较为偏重理论,而且各个组织提供的科技创新培训作用这较小就造成有些人在项目的初期因为缺乏对应的知识而出现上手慢甚至直接放弃的情况。早期的科技创新经历让我对这类项目有了一个系统的认识,上手更快,遇到问题时能找到其根源所在，查漏补缺并最终解决。一些高中时积累下来的工程方法，至今仍使我受益无穷。"图 2-18 为学生参与机器人竞赛。

图 2-18　学生参与机器人竞赛

学校搭建的全方位科技教育平台有力地推动了学校科技教育工作的全面开展，使科技比赛及活动不断取得突破，得到社会各方面的肯定，获得全国海洋意识教育基地、北京市首批防震减灾科普示范学校、中国化学实验教育学科创新平台、中国 STEM 教育 2029 创新行动计划种子学校、全国航天特色学校、北京市教育信息化融合创新应用示范基地、北京市青少年创客空间基地等荣誉称号。

六、责任担当：举办科技活动辐射周边

2019 年 11 月，周边 3000 多名小学生陆续来到二十中学，走进校门的那一刻收到一份特别的"导览图"。这是一份寻找宝藏的路线图，更是一份趣味科技闯关卡。小学生手持闯关卡，按照提示进行闯关。人脸识别技术、智能语音交互技术、模拟飞行技术等前沿技术亮相科技嘉年华活动，小学生玩得不亦乐乎。

学校邀请技术人员参加嘉年华活动，为小学生介绍了智能家居技术的发展趋势。

小学生在教师的指导下，通过开源硬件、自主编程操控上人工智能设备，精准识别出了人脸、距离等数据。人工智能设备在小学生的操控下自如地打开窗帘、开关灯等，让学生对智能家居技术有了更多的遐思。

从 2013 年开始，学校每年定期举办科技嘉年华活动和科技教育邀请赛，邀请周边小学生来学校参观体验和参加比赛；通过各种形式吸引小学生感受科学、享受科学，度过一个丰富的科技节日，成功将学校的科技成果辐射到周边的小学、企业以及社区等。

此外，学校还积极承办各种科技活动。比如，承办 2017 年北京市学生海洋文化节活动、2018 年"海洋意识教育周"主题活动、第三届全国基础教育信息化应用展示交流活动、第三届京津冀"非遗进校园"交流会、北京市中小学生业余电台锦标赛、海淀区第二届校园中医药文化节活动、北京市中小学生 STEM+ 创意实践活动比赛、海淀区科技教师人工智能素质提升培训活动等。

学校的科技教育工作有比较广泛的社会影响，得到多家媒体的宣传报道。

实现梦想的路途虽然遥远和艰难，但越走就会越接近梦想所在的地方。坚持下去，路会越来越短，最后一步就是梦想触手可及的地方。

第四节　努力让学生爱上体育

20 世纪 80 年代，学校的操场还是土地，训练条件非常艰苦。前辈高维成老师带着学校田径队的队员，在操场上进行日复一日的训练。大家只有一个信念，就是既然选择了田径，不管再苦再累也要坚持下去。功夫不负有心人，不仅是田径队，宋跃生老师带领的足球队也向田径队看齐，每天来到学校刻苦训练。在教师、学生的努力付出和学校领导对体育工作的大力支持下，学校取得了历史性的突破，先后被评为海淀区和北京市体育传统项目（田径）学校、全国群众体育先进单位和全国体育传统项目学校先进单位。在 1998 年北京市第三届中学生运动会上，学校在田径运动方面做出了突出贡献，被海淀区政府授予"突出贡献奖"。这也为学校在今后的体育中开了个好头，奠定了坚实的基础。

如今在新课程改革的背景下，学校体育工作者本着立德树人的根本任务，以培养学生的健体强魄为目标，全面推动课程改革向纵深发展，不断提升育人质量。

一、田径队——"二十中精神"的代言人

高维成老师光荣退休后，学校体育组教师一直在寒暑假坚持训练。虽然训练环境越来越好，但体育教研组组长宋跃生老师带领每一位体育教师牢记和继承高老师的优良传统，继续带领学校田径队勇往直前。

那是2000年暑假的一个下午，和往常一样，宋老师带着队员训练，看到有一个学生和往常不一样。这时候宋老师走过去问这个学生怎么回事。李同学说："练田径太累不想练了。"宋老师听后把这个学生叫到了一旁，坐下给她倒了一杯水。宋老师说："练田径就像在炉子上的水壶，如果半途给它灭了火，这壶水是不是半生不熟，人喝不了还得浪费。"这天训练结束后，宋老师推着自行车一直陪着这个学生回家，在路上又做了耐心的开导。

第二天来到学校，这个学生的精神面貌比昨天好了很多，没有过多的交流，跟宋老师打了一声招呼，就跑去训练了。训练前，她回头说了一句："您放心，我是会坚持下去的。"

不只是宋老师，包括罗猛、赵红、段来峰、冯应明等多位教师都积极鼓励在训练中有思想波动的学生，因为教师知道让学生树立坚强的意志品质是体育的重心之一。正因为如此，学校才不断涌现出许多练田径的好苗子，学校体育成绩也突飞猛进。

学校不仅仅在海淀区体育竞赛成绩突出。在一代代学校体育人的努力下，田径队先后获得北京市田径传统校比赛初中组团体第一名、北京市田径传统校比赛初中男子组团体第一名、全国"多威杯"田径锦标赛男子乙组团体第三名、海淀区中学生田径运动会八项团体第一名的好成绩。

二、"冠军培养"的历程

每一年学校七年级都会迎来一批体育特长生。他们当中有的在小学阶段就取得了优异成绩，而有的还需要继续努力。

罗猛老师指着七年级的张同学跟其他教师说："这孩子小学阶段我就注意到了，可算来咱们学校了。我打算让他练全能，我们过几年再看看。""我信，一看就是练体育的好苗子。"

时光如梭，罗老师带这个学生一带就是6年，使他从一个七年级新入学的学生转眼间变成了身高两米的优秀运动员。其中还有很多的故事。

张同学从入学到现在一直由罗老师带着训练。一年不管严寒酷暑，他们都会按时训练，从未偷过懒。这么多年张同学与罗老师两个人都付出了很多的辛苦和努力。最后张同学在2014年海淀区中学生秋季田径运动会上打破了高中男子组七项全能纪录，并在2015年全国第12届中学生田径运动会上荣获高中组七项全能冠军，因成绩优异被保送到北京大学。

张同学的故事不是唯一的。由于几十年的文化沉淀，学校培养了多个运动比赛冠军。在中学阶段由学校教师培养的运动员，大部分都能在海淀区、北京市的比赛中获得冠军，更有许多运动员获得全国乃至世界比赛的冠军。

2010年，张帆同学在全国中学生田径锦标赛中获高中女子标枪冠军；2013年，谢奕同学在全国中学生田径锦标赛中荣获初中男子铁饼冠军，陈智斌同学获高中男子标枪冠军；2016年，刘欣蕊同学在全国中学生田径锦标赛中荣获初中女子铅球亚军；2017年，李荣瀚同学在全国中学生田径锦标赛中荣获初中男子跳高亚军；闫俊涛同学分别在2018年、2019年全国中学生田径锦标赛中荣获高中男子标枪季军；王秉轩同学在2019年国家第二届青年运动会中荣获男子铅球季军……

学校田径运动员在北京市、海淀区各级各类比赛中荣获的冠军等荣誉不胜枚举。正是有学生日复一日辛勤的汗水和教师春夏秋冬每一天的指导和付出，才会有这些荣誉和成绩。

三、校风的一半在操场，班风的一半在做操

我国马克思主义教育理论家杨贤江曾经明确指出：校风是一个学校内的人物在各方面生活上所表现出来的一种态度和趋向。所谓人物是校长、教职员工、学生、校役等；所谓各方面生活是学艺、健康、社交、服务等；所谓态度和趋向是适合时

代、环境及其他情形的要求等。这种种要素融合成的就是校风。

1980年，学校制定第一个五年规划，目标是加强思想教育，突出抓好校风、教风和学风。以学校为整体，以班级为单位，各班主任负责，只有先把班风抓起来，学校的精神面貌才会有提高。

班风是一个班级的精神面貌，经过长期、细致的教育和严格的训练，在全班逐步形成的一种行为风气。良好的班风将为班级学生的成长、发展提供一种有效的动力和压力，良好的班风也为学生的学习提供了一个不可或缺的优良环境。

马校长找到了当时体育教研组组长高维成老师，探讨通过什么方法能快速提高全体学生的身体素质和精神面貌。

"广播操，"高老师说道，"做广播操，不用器械，只要在一定的场地上就可以开展。您看各大机关单位和工厂都有组织，可以让更多的学生在运动中强健身体。"

马校长说："好，高老师，您好好做个计划。我们从下周开始，全校抓广播操。"晚上，高老师带领体育组教师加班、加点制定了广播操的评比标准。

学校每天都会组织做广播操。上午两节课后，马校长会准时出现在主席台上，看着学生做操。体育教师则高标准地要求，每个班的师生都不敢怠慢，但总会有个别学生态度上懒散，动作不到位。如何让学生把做广播操变成一种自觉的行为呢？

同样的一套广播操，有的班级做得整齐划一，有的班级做得稍欠火候，主要还是因为态度问题。马校长召开教师大会，给每个班主任定下了目标，让他们在广播操上做到高标准、严要求："校风的一半在操场，班风的一半在做操。"教师要响应国家提出的"发展体育运动,增强人民体质"的口号,同时也要抓好学校的校风建设。

学校不仅在日常做操上下功夫，在每年春季还举办广播操比赛。在有限的条件下，学校的课间操一天比一天进步，班风和校风也越来越好。

经过几年的发展和学校领导的大力支持，广播操已经成为学校良好校风的窗口和标志。学校在北京市百所学校广播操比赛中获得一等奖。

校风是学校长期的政治思想教育、养成教育等多方面教育整体管理效能的综合体现。评价一所学校可以有很多条标准，但可以简单地概括为：风气好、环境美、教育质量高。以操健体、以操立德、以操育人，也正是每个人每天认认真真的付出才有了学校长足的进步。日复一日，学生通过做广播操不仅锻炼了自己的身体，也让全校的精神面貌登上了一个新的台阶。

四、从"要我学"变成"我要学"

从现有体育教师的年龄来看，既有从教 20 多年之久的老教师，也有不满 3 年的后学晚辈。学校建立了青年教师拜师制度，开展师徒结对活动，有效地激发了青年教师和有经验的老教师相互学习的兴趣和热情，让他们从"要我学"变成"我要学"。在实际教学中，学校利用日常指导开展青年教师展示课、说课、教案书写、口令展示等活动，积极培养青年教师的教育教学能力，使青年教师做到一专多能，做到各个专项技能的互补，实现教研组内自评及互评；促进体育教师的专业技能培养，使体育教师既诲人不倦、互帮互助，又虚心学习、不耻下问，将学校体育人一代又一代的优良传统很好地传承下去，经久不息。

在现任体育教研组组长孙超老师的带领下，全体体育教师团结一心，精进无休，认真扎实地开展各项教育教学工作，并取得了优异的教学成绩。学校体育教研室多次被北京市及海淀区评为"优秀教研组""先进教研组"，并获得"青年文明号"等称号。许多教师在国家级、市级、区级的教学基本功比赛、评优课、公开课展示、教学比武等活动中荣获一等奖。图 2-19 为体育教师指导学生练习。

图 2-19　体育教师指导学生练习

罗猛和赵红身为老教师，积极发挥示范引领作用，多次获得市区级教学展示活动一等奖以及全国优秀教练员称号。作为骨干教师的景慧娟曾在全国教学基本功比赛中荣获一等奖。张伟老师多次被评为北京市功勋教练员。刘云老师3次荣获市区级教学技能展示一等奖。刘晗老师刚参加工作不久就在北京市"启航杯"教学比赛中荣获嘉奖。侯金鹏、毛川老师荣获北京市及海淀区优秀教练员称号。8位教师被海淀区授予体育教师的最高荣誉——"海韵之星"称号。

体育教研室近几年吸纳了多名硕士毕业生，在教科研方面有了长足的进步，所写的多篇教育教学论文获得市区级一等奖。经全组教师共同努力，每年的体育中考、高中体育合格性考试及国家体质健康测试均取得了优异成绩。学校也多次受到上级部门的嘉奖。

五、课程是体育不竭的原动力

学校全面实施国家课程，开发校本课程，充分体现体育学科核心素养导向的体育教学模式，形成了成熟有效的体育课程体系。

体育课程包括共同基础类课程、拓展应用类课程和创新发展类课程三类。这三类课程之间既有知识、技能的前后衔接，又有各自不同的培养定位；既保证了人才的基本规格和全面发展的共性要求，又适应了不同学生个性化的发展需求，以求培养学生的综合素养，开发学生自主发展的潜能，让每个学生得到更充分的发展，实现学校体育工作"四位一体"的新标准。

共同基础类课程旨在使学生掌握必备的体育基础知识、基础能力和基本技能。它重视促进学生个性成长和可持续发展的体育知识和技能基础；让学生学习科学探究的方法，培养学生的学习能力和运动习惯，从而提高学生的体育运动水平，指导学生掌握1~2项体育技能。

拓展应用类课程旨在让学生根据自己的运动水平选择适合自己的体育项目，通过体育大课间为学生进一步学习与提升体育技能开设选修课程，引进第三方体育机构协助体育教师对学生选学科目做进一步的辅导，并以"勤练—常赛"为标准，开展更多的校内体育比赛，创设体育情境，加强和巩固学生的体育技能。

创新发展类课程旨在延伸体育课程的深度和广度，通过指导高水平体育人才，满足有体育特长的学生进一步提高自身专项能力的需求。目前，已有7项课程列为创新发展类课程，分别是田径、冰球、健美操、体育舞蹈、篮球、小球类（羽毛球和网球）、足球。这7项课程利用校内体育教师指导和校外专业教练员指导相结合的培养模式开设。依托北京体育大学的专业教练团队，学校近几年来培养了多名获得全国级、市级体育竞赛优秀成绩的学生。有多名优秀运动员升入名校，基本实现了体育人才的贯通培养。

六、"朝气、正气、志气"体育组的集体风貌

"记住，在二十中学当体育教师就要有三气精神。"这是在给新教师开会时，宋跃生老师在总结发言时说的一句话。每当每一位新教师走进学校体育组，宋老师都会与他们一起注视荣誉墙上挂着的一块写有"朝气、正气、志气"的铭牌，讲述"三气精神"的历史。

这块铭牌是1997年马校长颁发给体育教研组的，"三气精神"20多年来作为一个宗旨、一种精神的象征鼓舞着一代又一代的二十中学体育人向前迈进。20世纪90年代初期，学校体育组的青年教师居多，比赛中总是略有不足。于是高维成老师紧抓课余训练。在全组教师的艰苦奋斗、努力拼搏下，学校的体育成绩一步一个台阶，从无到有，有了历史性的突破。图2-20为学生参与体育活动。学校第一次获得海淀区田径运动会初中乙组第一名，第一次获得海淀区高中组足球第一名。

马校长在给教师解释何为朝气、正气、志气时这样说道："'朝气'代表着体育组青年教师多，有活力，工作氛围要有朝气，蒸蒸日上。'正气'代表着体育组教师在工作上团结一致，有原则，有理想，有抱负。'志气'代表着各位教师面对种种困难，那种克服重重困难将学校体育成绩不断提高，让学校在海淀区和北京市占有一席之地，为学校做出贡献的精神。这股子拼搏精神，就是志气。"图2-21为学生参加体育比赛。

如今学校体育人前赴后继，在全国以及市区级各类比赛中取得了较多的佳绩，提高了学校的知名度。70多年的文化积淀是学校体育工作不断蓬勃发展的力量源

图 2-20　学生参与体育活动

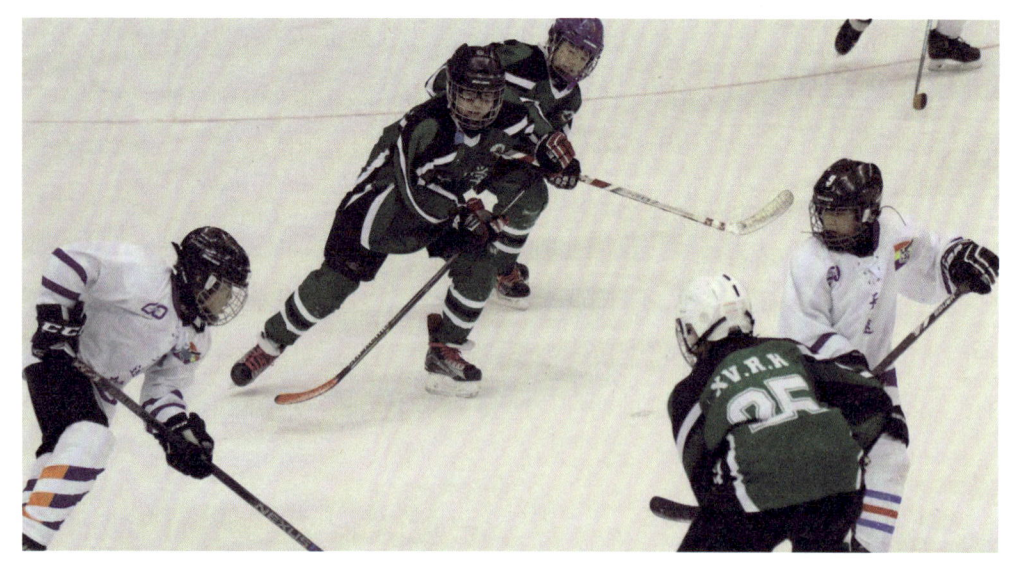

图 2-21　学生参加体育比赛

泉，70多年的体育传承是学校体育人不断汲取动力的精神内核。学校体育人依旧砥砺前行，整装待发，在未来的工作中凝练敢为人先的勇气，汇聚开拓进取的锐气，发扬不畏艰险的豪气，为学校体育工作的发展继续拼搏努力。

第五节　全美育，让美无处不在

学校的美育工作倡导全员美育、全学科美育、全活动美育，引导学生"向真、向善、向美"，充分发挥美育以美育人、以美化人、以美启智、以美健体、以美求真、以美培元的审美和育人功能。

通过长期坚持不懈的努力，学校的"紫翼"艺术课程体系不断完善，成为学校五彩课程的重要组成部分，为塑造学生的品质之魂起到重要作用，使艺术真正成为学生未来腾飞的翅膀！

一、一张 20 多年前的证书

学校艺术中心的展示柜里摆满了各种比赛的获奖奖杯、奖牌，但是展示柜里的一个文件夹却轻飘飘的，里面只有一张陈旧的三等奖证书。为什么这张证书如此珍贵？它背后又有什么故事呢？

1996 年，管乐团建立。在这一天，管乐团与先前建立的合唱团、舞蹈团、书画社合并成立了艺术团。新成立的艺术团信心满满，准备迎接即将到来的海淀区中小学艺术节活动。

"初生牛犊不怕虎"，教师准备放手一搏。大家利用一切可利用的空余时间，揣摩作品，有针对性地训练个别学生以提升他们的技能……做了我们认为应该做的一切准备。

活动的日期到了，教师心怀忐忑，带领学生上场比赛。学生的临场经验空白、能力不足问题，此刻毫不留情地暴露了出来。尽管教师对成绩不理想已经有心理准备，但成绩公布后还是始料未及。三大集体项目仅收获一张三等奖奖状，这也从侧面反映出当时学校艺术教育的整体情况。

这届艺术节活动的失利让几位教师承受了巨大的压力，对自己的能力也产生了怀疑。但在冷静地认真反思讨论之后，大家一致认为：我们必须正视现实，不可急功近利；不可灰心丧气，要知耻后勇；工作中除了要具有不计较个人得失的工作态度以外，科学的规划、有效的训练方法、更加全面的管理方式等也是不可或缺的。

于是，这届艺术节活动获得的唯一一张奖状没有被教研组组长、管乐团指导教师吴刚老师送至学校档案室，而被压在办公桌的玻璃板下面（后放置到文件柜里面）。由于天天都能看到它，它会时刻提醒着艺术教研组的所有教师：我们有太多的不足，我们离达成目标还有很长的路。这张证书成为几位青年教师暗下决心、潜心研究、再次出发的起点，也是学校艺术教育工作摆脱困境的起点。

全体艺术教师团结一心、因地制宜、坚忍不拔，无论遇到什么困难也从未放弃对成功的渴望和追求。他们四处学习，蓄能充电，向专家拜师学艺，与同行交流请教，想尽一切办法提高业务能力；他们利用中午等休息时间有针对性地补课，提升团队的薄弱环节；他们寻觅一切可以演出的机会，去社区、部队、儿童福利院慰问，为家长汇报训练成果，以达到锻炼队伍、积累经验、以演促练的目的；他们坚持20余年进行重奏训练，旨在精雕细琢团队各局部的技术能力；他们经常交流讨论，集思广益……终于，各社团的参加人数逐渐曾加，训练水平开始有了稳步提升，直至迎来了从"量"到"质"的跨越。

这个跨越发生在2001年4月。这一段时间海淀区举办了第十二届中小学生艺术节活动，学校艺术团的三个集体项目团队——管乐团、舞蹈团、合唱团全部参与。三位年轻的指导教师下定决心、相互勉励，和所有的学生从技术、设备、心理、艺术表现等各方面做了充分的准备，决心在艺术节活动中展露风采。

艺术节活动的成绩公布，成果斐然，全部获得一等奖。此外，舞蹈团、民乐组还获得两项二等奖。更难得的是，2001年11月，合唱团代表海淀区参加北京市中小学生艺术节小型声乐比赛获得二等奖。这是学校历史上声乐项目，也是集体项目第一次进入市级比赛并取得成绩。

由于在艺术节活动中表现突出，工作进步最快，学校一举获得"北京市艺术教育传统项目学校"称号。这也是学校获得的第一个有关艺术教育工作的荣誉称号。

图 2-22　艺术节活动

图 2-22 为艺术节活动。

2001 年，在海淀区中小学生艺术节活动中获得的突出成绩，成为学校艺术团发展史上的里程碑和转折点。学校在随后的比赛、交流中捷报频传。

2004 年 8 月，管乐团赴韩国参加第十三届亚太管乐节活动获得演艺优胜奖。这是艺术团第一次出国参加国际比赛。截至 2020 年，学校艺术团已先后 18 次前往国外参加艺术节活动，获得多项金奖、银奖，举办 20 余场音乐会。

2004 年 11 月，管乐团参加海淀区中小学生艺术节活动。吴刚老师指挥演奏的一曲具有专业难度的《e小调第九交响曲》获得一等奖，这是学校艺术团获得的首个团体项目三连冠。

2005年，管乐团参加北京市第八届中小学生艺术节活动获得一等奖，实现集体项目市级比赛一等奖的突破。

管乐团在国图音乐厅再次举办管乐团专场音乐会，获得到场专家、领导的一致好评。截至2020年，管乐团每年举办多场专场音乐会。

2013年6月，话剧团举办第一届戏剧节活动。从此戏剧课、戏剧团、戏剧节三位一体，成为学校艺术教育的新名片。

……

截至2020年，传统强项书画社项目的内容不断增多、专业水平不断提升。每年均有多人获得各级各类比赛奖项，每年举办不少于两次的学生书画展览。

多年来，学校被授予"北京市中小学艺术教育特色学校""海淀区艺术教育示范学校""海淀区银帆艺术团（管乐、戏剧）承办校""海淀区戏剧教育示范校""北京市戏剧家协会老舍剧社""北京老舍研究会团体会员单位""国家大剧院歌剧培训基地""全国中小学藏书票教学示范学校""海淀区高中艺术学科教研基地"等荣誉称号。

虽然学校艺术团取得了这么好的成绩，但艺术中心的教师并没有满足现状。他们充分认识到，基础教育的核心是面向全体学生，只有艺术课堂才是艺术教育的主阵地，只有艺术课堂教学被所有学生认可才是学校艺术教育工作真正的进步。

二、陶艺教室里的美好时光

"阳光透过窗户，照在了一间教室里，这是一间陶艺教室。我正在这间教室里一丝不苟地捏着陶泥，做着老师刚刚教大家捏的小泥老虎……每个星期二的美术课都是我唯一的美好时光。"——这一天中午，学校广播传出清脆的女声，正在播放一篇《陶艺教室里的美好时光》的文章。作者和播音者都是七年级（7）班的青源。

青源同学所述的"美术课"是学校在初中、高中阶段开设的20余门艺术课程中的一门。

早在 2007 年 9 月学校对艺术课堂教学开始了尝试性改革，旨在通过对课堂教学这个美育主渠道的研究、实践探索，达成"让艺术成为所有学生腾飞的翅膀"的目的。没想到，学生对新开设的几门艺术选择性必修课显示出了极大的兴趣，在学年末结业的考核音乐会（或美术作品展览）中展现了意想不到的学习效果。

从那以后，学校坚定了信心，大胆实践。在这个过程中，学校因人设课（根据现有教师专业开设课程）逐渐变为因课设人、因课育人（根据学生需要、课程需要招聘教师或对原有教师进行培训），教师队伍不断优化；学校根据教学需要，不断完善专业教室、设施，并最终建立起严谨完整、有序递进的"紫翼"艺术课程体系。图 2-23 为学生美术作品创作活动。

图 2-23　学生美术作品创作活动

"紫翼"艺术课程体系贯通课内、课外、校外实践三大教学领域，横跨音乐、美术、舞蹈、戏剧、新媒体五大艺术门类，纵贯初中、高中 6 个年级，内容丰富，形式活泼，深受学生欢迎。

"紫"在中华传统文化里有典雅、稳重、尊贵的内涵；在西方则有梦幻、沉思的意境。在绘画者的色盘上，紫色处在红色和蓝色的交汇处。这非常契合艺术教学特质，也契合了艺术课程体系的特质。在艺术课程体系的建设中，学校既重视直观的艺术课程设置，也重视常被人忽略的教科研、队伍建设、硬件建设等工作；既突出课程设置与实施的核心作用，也不偏废课程体系的完整与完善；既重视感性率真的艺术表达与创造，也重视理性稳健的基础技能和理论培养。应该说，只有艺术教育的顶层设计者、管理者以及基层实践者都能够充分认识到这一点，并在课程体系的规划建设及课堂教学、课外活动的组织和指导中都能做到"红""蓝"兼备、相辅相成，才能够真正体现出紫色所具有的稳重细腻、浪漫率真的特征，才能够真正全面实现艺术课程建设的目标。而"红"与"蓝"正像是飞鸟的双翅，不可偏废任何一方。

"翼"——翅膀，取自海涅作词、门德尔松作曲的经典艺术歌曲《乘着歌声的翅膀》的寓意，意指"艺术教育"正是帮助学生飞向更为美好的未来的"翅膀"。

正因为如此，学校将艺术课程体系命名为"紫翼"。艺术中心的徽章展现了一只张开双翅的紫色凤凰（图 2-24）。

"紫翼"艺术课程体系整合校内所有艺术教育资源，与一切配套机制两翼齐飞。其中的课程由两部分构成：基础课程和课外拓展课程。

基础课程从七年级至高二年级全面开设，形成七年级和八年级开设选择性必修课，九年级开设必修课，高一年级开设选择性必修课，高二年级开设必修课的必修课与选修课相结合、文本学习与实践操作相结合、共性教育与个体爱好相结合的阶梯式发展模式。

必修课对学生进行全面的艺术理论素

图 2-24 艺术中心的徽章

养培养，要求学生广泛涉猎、拓宽视野。丰富多彩的选择性必修课为全体学生获得艺术体验提供了较为广泛的选择空间，体现尊重个性、各美其美的理念。同时，高品质的特色课程也体现出学校追求高雅艺术、培养学生人文情怀的审美与育人导向；高品质的专业指导、教学方式、评价体系、硬件设备又为更多学生挖掘艺术潜能、发展艺术特长提供了最大程度的可能性。

学校目前开设的艺术选修课如表 2-1 所示。

表 2-1　艺术选修课

年级	学科	选择性必修课	备注
七年级	音乐表演类	器乐（口风琴）	三选一，必选
		器乐（钢琴）	
		歌唱	
	美术工艺类	书法（软笔）	三选一，必选
		国画	
		刺绣	
八年级	音乐表演类	器乐（古筝）	三选一，必选
		戏剧	
		舞蹈	
	美术工艺类	陶艺	三选一，必选
		印染	
		设计	
九年级	音乐	音乐欣赏	必修
	美术	美术欣赏	必修
高一年级	音乐表演类	创作	四选一，必选
		舞蹈	
		器乐（钢琴）	
		戏剧	
高一年级	美术工艺类	陶艺	四选一，必选
		油画	
		版画	
		书法（软笔）	
高二年级	音乐	音乐鉴赏	必修
	美术	美术鉴赏	必修

评价方式是艺术学科课程建设的重要部分。除了出勤数量、参与学习活动数量、完成作品数量、完成作品难度等级、自主学习次数等量化的过程性评价以外，综合性评价成了学生非常期待的艺术节日。图2-25为学生参与艺术活动。

综合性评价来自美术作品展览和考核音乐会。全体学生的美术作品都在教室、楼道、餐厅、宿舍等不同场所展出；在考核音乐会上，所有学生都要合作上舞台表演。美术作品展览和考核音乐会凸显艺术学习、实践的本质特点和内在规律，激发了学生学习、参与的积极性，提升了学生艺术创造、艺术表现的能力。

校园广播里青源同学的声音传遍学校的每个角落："这间教室里有用陶泥做出的小人和动植物，有明亮的窗户，有教师、同学。但更多的是，这里有无数美好的回忆与欢笑。我喜欢陶艺，也喜欢这间教室。我永远都不会忘记在这里度过的美好时光。

图 2-25　学生参与艺术活动

三、地下停车场变身记

在设计图纸上，这里应该是一个停车场。但是停车场在安全方面有隐患；同时学校艺术教育工作正处于上升期，急需改善教学设施以促进美育工作发展。于是，我决定将这里建设成音乐教学、活动的场所，并连接原来的艺术楼。

2012年9月，新的艺术中心与学生见面了。宽敞的走廊、明亮的灯光、时尚的风格、专业的设施、美妙的体验，深受师生称赞。

艺术中心使用总面积超过2700平方米，共计各类专用、专业的艺术教育专用教室、场所31间，包括音乐专用教室和琴房（钢琴教室、古筝教室、鉴赏教室等）、美术专用工作室（油画工作室、素描工作室、国画工作室、书法工作室、版画工作室、陶艺工作室、动漫工作室、刺绣工作室），排练厅（戏剧排练厅、管乐排练厅、舞蹈排练厅、合唱排练厅），以及美术作品展厅、艺术讲座阶梯教室、艺术书吧、陈列厅、库房、办公室。

另外，艺术中心一层礼堂、五层礼堂分别能够满足320人、500人的艺术活动。这些都为艺术教育的发展奠定了坚实的物质基础。

地下停车场变身记是几十年来学校孜孜以求、因地制宜、不断完善教育工作基础设施的一个缩影，也是学校各方面建设的一个写照。

除硬件建设以外，教师队伍建设也从未停止脚步。许多青年教师在这个岗位上实现了自己职业生涯的"变身记"！

艺术学科在有些人的心中还有一些固化印象，还被一些教师称为"副科"。但艺术中心教师深刻地认识到：有为才能有未来；只有自身不断努力、克服困难、在审美和育人方面都取得进步，才能让大家看到艺术学科的价值！

经过坚持不懈的队伍建设，学校现已形成一支学历高、业务水平精湛、敬业精神强的专职教师队伍。

学校小营校区、新都校区共有艺术教师16人，其中音乐教师6人、绘画教师6人、舞蹈教师1人、戏剧教师1人、书法教师1人、新媒体教师1人。他们均是国内艺术专业院校、重点师范大学艺术教育专业毕业。其中，海淀区学科带头人及骨干教师共有 5 人、海淀区兼职教研员 3 人。

多年来，16 位艺术教师善于钻研、勇于实践，业务能力不断提升，均在海淀区、北京市乃至全国的相关教师基本功比赛、说课比赛、评优课比赛获奖。全体教师均在市、区学生艺术节中获得优秀辅导教师、优秀指挥、最佳指挥等奖项。

艺术中心承担的校级课题"北京市第二十中学艺术课程建设的研究与实践"受到了较高的评价。吴刚老师的相关研究论文发表在《北京教育》杂志上；吴刚、李惠燕等老师联合撰写的《北京市第二十中学"紫翼"艺术课程体系》，被海淀区教育科学研究院评为基础教育课程建设优秀成果二等奖。全体艺术教师均在海淀区、北京市乃至全国的相关教师论文比赛中获奖，在刊物上发表论文，编纂专著，在 2017 年北京市教育委员会举办的第十届"京美杯"论文比赛中获奖。多位教师均参与出版物的编写工作。仅吴刚老师 1 人已参与编纂教材、专著共 19 册，在各类刊物上发表论文 10 余篇。

在学校领导的支持、指导下，在全体艺术教师的不懈努力下，艺术课程华丽变身为学生非常喜欢的课程，艺术中心华丽变身为学生非常愿意前往的地方。"变身记"的故事还在上演！"小学科"在发挥着"大作用"！

四、我要上"春晚"

2010 年 10 月的一天，高三年级的一位男生找到艺术中心的教师，说的第一句话就是我要上"春晚"。"春晚"在学校就是指元旦文艺汇演（图 2-26）。

经艺术教师的询问，原来这位从七年级开始就一直在二十中学就读的学生，在班里的各项活动中也很少能榜上有名。相反，他不但给教师添了不少麻烦，也让班级同学和他产生了隔阂。他一直渴望能让教师和同学重视他，他希望有机会在一个公开的场合向同学表达出友好、向因他而倍加操心的教师表达歉意。于是他每年都认真准备文艺节目，但连续几年他的节目都没有被选中，还没有获得参与学校元旦文艺汇演的机会。就要毕业了，他渴望能完成他的梦想。

图 2-26　元旦文艺汇演

　　这位学生真挚的语言、恳切的眼神深深触动了艺术教师。艺术教师细心地记住了这位学生的愿望，并随即开始了策划，最终在几个月后帮他实现了梦想。艺术教师和学生干部花费了不少精力，编创了一部话剧，其中话剧的一个角色是为他量身打造的。这个角色仅仅是一个配角，台词也仅有几句。但他认真准备、反复揣摩、虚心向教师请教，把热爱集体、尊重教师、帮助同学、热心班级劳动，在毕业前决心参军入伍、报效祖国的学生形象演得活灵活现、生动感人，给观众留下了很深的印象。

　　通过这次演出，班里的同学走近他、了解他，发现他有很多可爱之处；而这位学生也深受感染，在准备高考的过程中信心大增，最终考入了他理想的大学。多年以后艺术教师再见到他时，他真的穿上了军装……

　　学校每年都会举办非常丰富的艺术实践活动。其中规模较大的、参与人数较多的还是一年一度的元旦文艺汇演。

　　元旦文艺汇演从准备到演出历时一个月：校园歌手大赛、年级的节目选拔、入围节目的整合与提升……到演出那一天，就是全校师生的一场艺术盛宴。2016年，在火箭军礼堂举办的演出实现网上直播，当时的观看人数达到20多万。师生、家长及社会各界对它的关注和喜爱、引发的讨论、产生的广泛影响远远超出预料。

我要上"春晚"的故事引发了学校领导和艺术中心教师深深的思考：学生渴望展示、渴望交流、渴望被尊重；此活动对学生沟通交流能力、合作协调能力、统筹规划能力的培养与提升的作用是巨大的。从那时起，我就提出了为每一个学生在校期间提供至少一次舞台展示的机会的要求。

多年过去了，学校仍然年年都会发生我要上"春晚"这样的事情。但教师不再会像第一次那样冥思苦想了，因为学校的艺术活动越来越丰富，教师向学生推荐的舞台早已不止有"春晚"。

随着学校"紫翼"艺术课程体系建设的不断深入，艺术社团、艺术实践的内容都被纳入形成更为规范、更具整体性的课外拓展课程，为有意愿、有才华的学生提供了更为广阔的发展空间。

2012年开始，"春晚"被纳入艺术实践课程。艺术实践课程在形成之初，就确定了面向全体学生开放、面向全体学生的不同需求的宗旨，力求最大限度地让每个学生都有机会参与其中。图2-27为学校艺术实践活动。这样每个学生都能找到适合自己的平台，每个学生都可以用艺术的语言表达内心的情感、体验艺术的美感、激发创造力、享受艺术实践活动带来的成功和喜悦。由此，学校为学生创设了大量展示交流、实践体验的平台。艺术实践课程分为四大类：常规性实践课程、国际艺术交流及修学课程、艺术竞赛、公益性实践课程。表2-2为学校艺术实践课程示例。

其中，常规性实践课程是学校长期实践后形成的具有学校特色的"八大艺术节"，涉及不同艺术领域，面向不同需求的学生，保证每个月都开展一个艺术实践活动。这些实践活动中既有面向艺术团的音乐会，也有为普通爱乐者提供的舞台；既有全校学生参与的大型群众性活动，也有小而精的艺术讲座、沙龙。

近几年的校园音乐会引起了学生、家长和社会的极大反响。

第二章 五育并举，培育中国脊梁

图 2-27 学校艺术实践活动

表2-2　学校艺术实践课程示例

课程名称	时间	主要形式
师生美术作品展览	3月	学生餐厅、宿舍、教学楼道布展
春天的歌——舞蹈专场演出	4月	合唱专场音乐会、舞蹈专场演出
五月的鲜花——合唱节	5月	各种类型的合唱比赛5场， 做到"人人开口唱，班班有歌声"
走进戏剧世界，追求美好人生 ——戏剧节	6月	戏剧专场演出、课本剧评比、 戏剧人物造型设计、戏剧作品观后感征文
听秋·赏乐 ——校园中秋音乐会	9月	在校园为普通爱乐者搭建展示平台， 如音乐沙龙、独奏、独唱、舞蹈、戏曲等
师生美术作品展	10月	美术展厅、走廊、美术教室布展
管乐团重奏讲解音乐会	11月	以管乐为主的各种类型的重奏表演， 加上教师的现场讲解
综合艺术节	12月	校园歌手比赛、各年级文艺演出、 新年元旦文艺汇演

这个校园音乐会举办的初衷是活跃学校生活、营造校园文化氛围、加快新生对学校的熟悉进程。它的与众不同之处在于，同一天里在学校多处场地露天举行；谢绝艺术团的学生上台表演；艺术团学生在教师的指导下做报名、组织、后勤等服务性工作。图2-28为学校音乐活动。

这个最初有可能被认为是学校艺术水平、组织能力、校园影响力最低的艺术活动，从第一届开始就是校园最热闹的活动。许多家长申请前来，很多教师驻足观看，各类节目粉墨登场。有一次演出时正值操场上学生在运动，一时间校园里的歌唱声、呐喊声、读书声混合在一起。有家长留言：这才是校园该有的样子，这才是学生该有的样子！

除此以外，国际艺术交流及修学课程、艺术竞赛、公益性实践课程使学生的寒

图 2-28 学校音乐活动

暑假变得更具个性。许多学生在各国的博物馆欣赏美术作品，在国际交流舞台展示风采。也有许多学生在教师的组织下前往社区进行慰问演出，既是风采的展示，又是情操的陶冶。

现在，"春晚"还在继续，我要上"春晚"的故事还在继续，学校艺术中心通过艺术实践课程贯彻美育目标、提升学生审美素养、培育"中国脊梁"的努力还在继续！

第三章

变革为纲，在求变中谋发展

教育始终是面向人的，人和其所处的环境每时每刻都处在发展变化当中。所以教育应该是动态的，要适应人跟环境的发展变化。70多年来，从"自强文化"的提出，到"三气精神"的形成，再到"脊梁文化"的诞生，学校始终坚持走在与时俱进的教育变革大道上。

由于在新的时期教育面临新的挑战，只有以变革为纲，在追求变化中谋求发展之路才是学校发展的硬道理。学校积极应对新的挑战，多方位深化教育改革：积极推动教师转型，建设教师成长共同体；推进课程改革，建构服务于学生全面发展的五彩课程体系；大力开展"目标引领，问题驱动"的教学变革；以创新教科研机制推动教师专业发展；因地制宜积极探索集团化发展之路；拥抱信息技术构建智慧校园……

过去，学校多聚焦于内部教育规律的探索；未来，学校在教育变革中会密切关注社会的变化，打通与社会的联系。这样，学校教育才更有生命力！

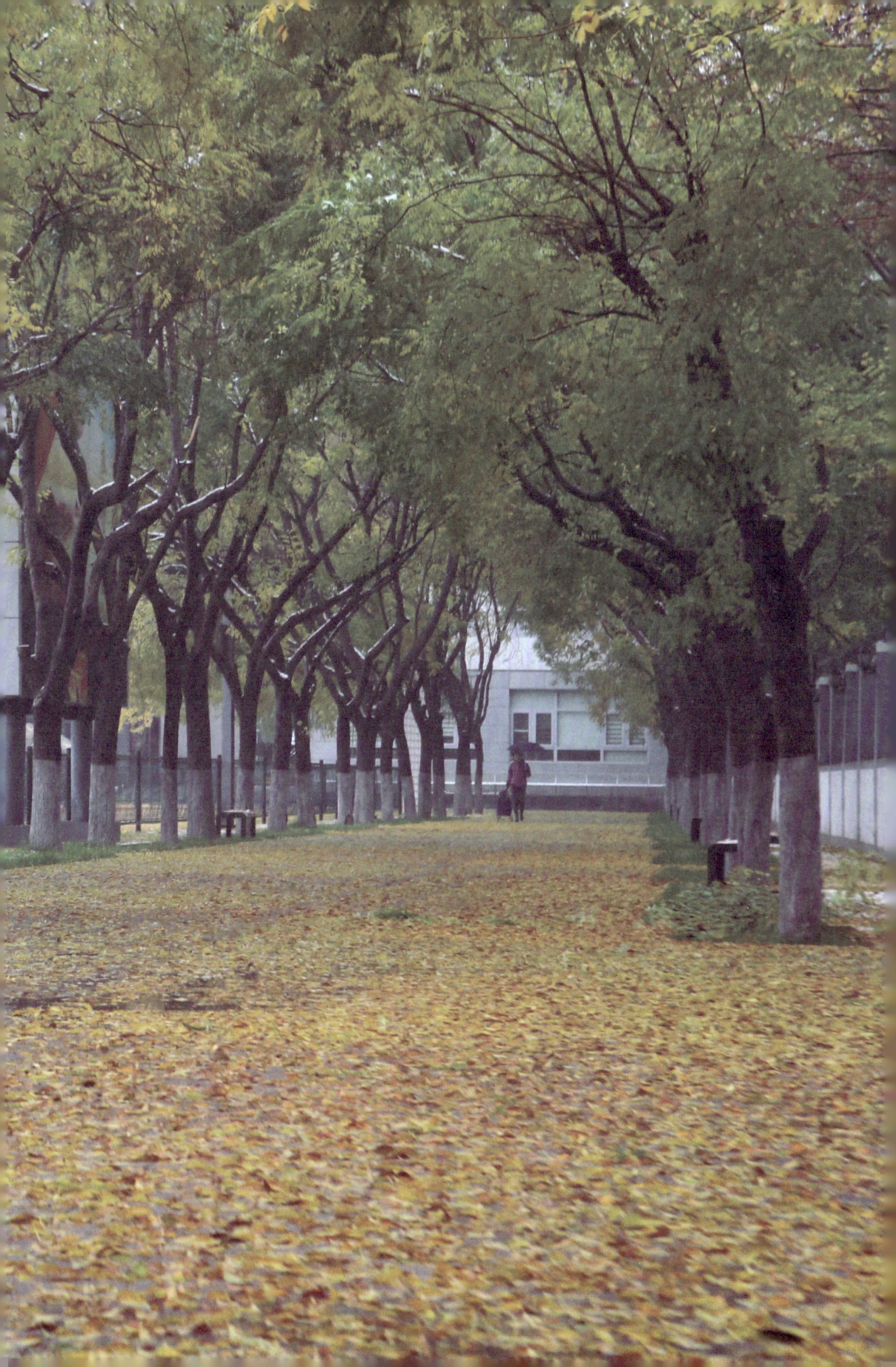

第一节　教师转型：建设教师成长共同体

教育改革是一个庞大系统的工程。要避免眉毛胡子一把抓，立足学校功能定位，找准突破口是关键。学校 2019 年以教师队伍建设为教育改革的主攻方向与试点内容，全面实施包括"启航工程""青蓝工程""名师工程"在内的教师校本培训"三大工程"。"三大工程"是学校开展一线教师全员培训和实施名师战略、人才培养战略的重点工程，对不同层级的各级各类骨干教师开展业务培训，激发、培养一线教师的改革意识和热情，努力提升教师的师能水平。

在学校的顶层设计下，"三大工程"坚持目标引领、任务驱动的培训原则，确定了明确的学习目标和任务。学校通过专家讲座、研究课、全员培训等形式对教师开展培训，努力形成同呼吸、共命运的教师发展研修共同体，促进教育质量的全面提高。教师培养模式改革的大幕就此拉开了！

一、启航工程：青年教师的进阶之路

青年教师与初入职场的其他行业新人一样，同样是一张白纸。如何在这张白纸上挖掘更多的可塑性？如何实现新老教师的有序交替？如何保证正常的教学秩序？如何让学生和家长发自肺腑地接受与认可新教师呢？"启航工程"就是一个解决以上疑难杂症的金石灵药。

"启航工程"开展的活动主要有新教师宣誓仪式、青年教师拜师会、青年教师成长交流展示系列活动、骨干教师讲堂、基本功展示活动等多种形式。针对新教师工作热情高、缺乏教育教学经验的实际情况，"启航工程"开展低起点、高要求的培训，帮助他们实现角色转换，完成基本教学任务，实现快速成长。图 3-1 为学校"启航工程"活动。

"启航工程"学员王宇薇老师在回首自己三年的成长之路时由衷地说道："感动！感谢！感恩！"

图 3-1 学校"启航工程"活动

入职伊始,王宇薇老师面临着诸多挑战,虽然满怀热情,但对教材和学情不熟悉,缺乏教育教学经验。此时,学校举行了拜师会。到现在,每当翻看教学指导教师李晓芸在拜师会上送给她的笔记本上的赠言"好好工作,认真生活",王老师的内心总是感到特别温暖。三年中,王老师不知多少次拿着小板凳和听课本进入李老师的课堂;李老师不知多少次手把手帮王老师完善教学设计的每个环节,指导王老师做好教材教法分析和排练英语剧参加市级比赛……因为李老师温暖的鼓励和无私的帮助,王老师在大大小小的挑战中不断进步,十分庆幸成长过程中有这样一位领路人。"一日为师,终身为父。"王老师的班主任指导教师刘东兴就如她的父亲一般,博学,宽厚。在工作和生活上,刘老师给王老师无私的照顾和指导。王老师在与刘老师并肩作战的三年的日子里都很开心,一方面有成长的紧迫感,另一方面也学会了保持积极的心态,平衡好工作和生活。

启航教师成长交流展示活动为新教师成长搭建了平台。每次由一名学员上公开课,其他学员进行观摩,结束之后进行评课研讨沙龙。在这个过程中,他们相互学习,畅所欲言,有了跨学科的交流机会,相互欣赏,相互启发,共同提升。上公开课是教师自我提升的好机会。上公开课促使教师认真研究教材和学情，精心设计每一个教学环节，提出问题链，提升学生的思维水平。在磨课过程中，备课组前辈宝贵的指点与评课沙龙上同伴中肯的建议是一笔非常宝贵的财富，能使教师不断提升专业素养、不断成长。

骨干教师讲堂为新教师提供了充电的机会。骨干教师为大家树立了榜样，讲述了自己的成长历程，分享了自己的目标与规划。从前辈一步一个脚印的成长轨迹中，王老师更加意识到踏踏实实写好每一份教案、扎扎实实上好每一节课的重要性；同时，需要树立目标，实现从教书匠到研究型教师的转变，树立研究意识，研究学习目标、教学活动、有效的课堂设问以及课堂的生动形象性……课堂教学的进步就是在这一次次的反思和钻研中实现的。

此时，王老师又回忆起自己入职伊始在尊师阁上宣誓的情景。通往尊师阁的道路是艰难的，需要花费很大力气。成为一名合格的人民教师需要我们付出更多的辛苦与努力。但是当登上顶峰，回首望向来时的路时，我们会觉得一切的辛苦都是值得的。回首三年的成长与蜕变，王老师真心感谢学校以及"启航工程"对她的帮助。她希望能用自己的努力为学校的发展增光添彩，迎来更美好的明天！

教师通过接受一系列的培训快速成长，在教学和教育方面都能独当一面。有的教师经过三年的培训已经成为学校的骨干教师，能出色地完成教学和班主任工作。

二、青蓝工程：青出于蓝而胜于蓝

"青蓝工程"的培训对象是学成出师后的校级骨干教师。他们在积累了一定的教学工作经验之后，可以通过参与"青蓝工程"与老教师进行现场互动，参加学校组织的"青蓝学员"教学实践研讨活动，通过讲课、评课、研讨、专家点评等形式发现课堂教学中的问题，应对新课程改革中遇到的困难，全面提升驾驭课堂的能力。图 3-2 为学校"青蓝工程"活动。

学校每学期会组织开展三到四期的沙龙研讨活动。活动内容涵盖期刊研读、命制试题、班主任管理，还包括如何主持课堂研究、如何撰写期刊论文等。

图 3-2 学校"青蓝工程"活动

在沙龙活动中，教师积极参与、发言。我和学校书记亲自参与研讨、点评，并对活动进行总结。每次活动结束，我都会意味深长地和教师说，我们要努力做幸福的教育，教师的幸福感来自对教育教学艺术的不断追求。简单、朴实的话语极大地鼓舞了教师的信心。

学校定期举办自主研修活动，针对研修主题组织大家交流研讨。例如，学校开展的以"先学后教""先做后讲"为主题的"文献研究与综述"自主研修活动，由教师发展中心提前做好方案，给出研修和思考的方向。教师在活动中相互交流，感叹道："这样的研修过程中学习真正发生，我们自身的能力得到了切切实实的提高！"图 3-3 为教师发展工程培训活动。

参加"青蓝工程"的朱宁宁老师深情地说："年少时，我有一个美丽的教师梦，想象自己就是三尺讲台上的一支粉笔，渴望教书育人，哺育桃李；毕业后，我怀揣梦想奋力向前进，走进二十中学的尊师阁，走进五彩青春的花丛中；五年的时光，见证我从启航走到青蓝，见证我在育中国脊梁这份宏伟事业中的成长。

图 3-3 教师发展工程培训活动

2015 年，朱老师第一次走上三尺讲台，激动中更多的是懵懂和对未知的担忧。后来，学校仿佛洞察到了新教师的心理，安排了一次次的讲座、论坛、示范课等，手把手地教他们如何做教学设计、如何与学生沟通、如何与家长沟通、如何更好地管理班级、如何设计板书等。

在活动中，朱老师聆听前辈分享的经验，并将其有机融入自己的教学工作。这些宝贵的经验让朱老师少走了弯路。她观摩了优秀教师的精彩课堂，学习了课堂上师生互动的设计、教师问题引导的设计、反馈评价的设计等教学实操经验。通过与同伴相互讨论与交流，发表心得体会，她收获了宝贵友情，与同伴一起在职业发展的路上并肩前进。

2018 年，朱老师被评为校级骨干教师。她开始迈向新的征程，成为"青蓝工程"的一名学员。在这里，阅读与提升、积累与沉淀、厚积与薄发，成为每一次活动的关键词。基于"启航工程"所建立的教育信心，朱老师和其他学员在李久省老师和冯彦国老师的带领下，静下心来学习如何查阅文献、进行文献综述。他们通过沙龙的形式交流分享阅读的心得体会，讨论问题、发表观点。

在教师发展工程的培训学习中，朱老师更加体会到了作为教师的自豪，越发感受到教师这份平凡事业的神圣与伟大。"启航工程"与"青蓝工程"教给她的是这样一样认识与坚定：教师是一份值得奋斗终生的事业，需要我们具备一种执着追求的情怀。不追求功成名就，而是获得"俏也不争春，只把春来报""待到山花烂漫时，她在丛中笑"的心境。

雨果曾说，花的事业是尊贵的，果实的事业是甜蜜的，让我们做叶的事业吧，因为叶的事业是平凡而谦逊的。教师不就是那片平凡的叶子吗？正如教师发展工程对我们的期盼那样，做用心的教育：付出真心，茁壮成长！

三、名师工程：名师养成计划

名师工程的培训对象是海淀区骨干教师和学科带头人。他们是走在名师路上的准名师，是学校未来发展的中坚力量。名师工作站采用导师负责制，学校为每一位名师工作站的学员配备了指导教师；指导教师则由校内的正高级教师、特级教师、市级学科带头人、市级骨干教师担任。

为了规范化管理名师学员每一个阶段的研修成果，详细记录个人研修不同阶段的研修过程，学校编制了《北京市第二十中学名师工作站学员研修手册》。学校给名师工作站的学员、指导教师搭建各种发展平台，定期开展不同形式的研修活动。

学校组织开展了两期名师学员发展规划交流研讨活动。在活动中，42位名师学员交流各自的研修方案、研修方式、研修过程、研修成果。指导教师对学员的发言进行点评、指导，促进学员开展更深层次的自我研修活动。

学校积极主动与北京大学教育学院联系，开展了北京大学国培班学员的到校实践活动。名师工作站的学员和指导教师与这些国家级骨干教师共同开展同课异构活动，在展示活动中相互学习、借鉴。参与展示课的教师感叹道："这样锻炼的机会一定要积极争取！"图3-4为学校"名师工程"研修活动。

学校开展的"名师工程"研修活动由学校名师工作站的指导教师轮流主讲，旨

图 3-4　学校"名师工程"研修活动

在引领名师学员提高站位，开阔眼界。在活动中，王瑞群老师的感触良多。

王瑞群老师已从教 14 年，是学校"名师工程"中的一员，有幸拜北京市特级教师、正高级名师李久省老师为师。在李老师多年的辛勤指导和悉心培养下，2016 年王老师被评为海淀区骨干教师，2019 年被评为海淀区学科带头人，2021 年被评为北京市骨干教师。王老师的成长离不开师父的精心培养和细致的点拨和指导。她一步一步向着自己梦想中的方向前进，用充满诗意而不缺乏拼搏的激情，渲染着时尚浪漫而又平实丰满的青春，为学生成长奠基，为学校发展贡献自己的力量。图 3-5 为名师学员发展规划交流研讨活动。

师父李久省老师关心王老师的业务成长。李老师说，课堂是教学的命根子，一定抓住 40 分钟，向 40 分钟要效率。王老师每天都要听师父的课，一学期能听 140 多节，能写 6 本记录笔记。听课记录本记录着师父的教育智慧和情怀。王老师觉得格外珍贵，一直保留着。每当讲到相应章节，王老师还会拿出听课记录本，查看经典的题目和精彩的环节，细细品味，完善自己的教学。青年教师是站在师父肩膀上

图 3-5　名师学员发展规划交流研讨活动

成长起来的一代。师父深厚的功底、博大的胸怀、无私的给予和指导，是王老师前进的动力。王老师对自己的要求是认真上好每一堂课。工作 10 多年，她坚持手写详案，将新授课的备课重点放在突出重点和突破难点以及例题、练习的精选精练上，在每一节课根据教学内容合理设计教学环节，合理优化每个教学环节的时间。她会根据学生的实际情况对教学内容加以调整和修改。她连续多年获得教学质量优胜奖。

　　10 多年来，王老师上的不同范围不同级别的公开课、研究课、观摩课 30 余节。每一次的公开课无论是什么级别，都是每一个阶段尽最大努力的教学尝试。她连续三届获得海淀区"风采杯"教学设计一等奖；连续两年获得北京市教学设计一等奖；2017 年获得北京市说课一等奖等。在每一次大型公开课和比赛活动开始前，李老师都会带领数学组的大师父团指导王老师备课、磨课，细到每一句话、每一个动作、黑板上的每一个字。2012 年，王老师参加区说课比赛。由于比赛当天是一个周日，李老师放弃休息时间专门来学校，听比赛之前的试说课，给出修改意见和建议。就是这样一次次的打磨、实践、反思以及在数学组大师父团的指导下，王老师慢慢成长起来了！

　　王老师开始要求自己从上好每一堂课到每天上一堂好课，再到开始思考什么样的课是一堂好课；一堂好课就像一个故事、一幕话剧、一部电影，娓娓道来。好课和好的教学设计一定是联系在一起的。

什么样的设计才是好的教学设计？好的教学设计是基于对学科知识和教学规律的认识，结合学生发展情况的分析进行的设计；是基于这节课的教学目标进行的设计；是基于重点能不能落实、怎么落实和台阶设置多高、如何铺陈展开进行的设计；是基于难点能不能突破，如何确定难点，能否提前预测难点进行的设计；是基于反复回想"设计的理由是什么？是否需要换一个方式？"进行的设计。

因此，教学过程的设计应是一个统一的过程，有时还需要调整环节、起承转合，使课堂有一个好的节奏。

在一次交流活动中，王老师发言感谢数学组的大师父团以及每天一起工作的同事。他们的课堂或清新，或专注，或热烈，或和风细雨。

在每个人的课堂上，王老师都获得了成长的养分。她还要感谢学校搭建的工程体系平台，感谢师父的引领、指导和点拨，感谢同事共同分享、并肩前行，感谢学生带给的教学相长……要感谢的人和事数不胜数，她会永远把这份情记在心里，幻化成一股前进的力量，继续向前！

年复一年，我们注定要为自己热爱的事业奉献；因为热爱，每一位教师愿意在自己青春岁月中用心去演绎自己的使命本色和使命担当。

"启航工程""青蓝工程""名师工程"的实施使教师形成了一个紧密联系的研修共同体。在这里，每个人都能依靠团队的力量走得更快、更远！同时，教师也深切感受到：教育学生是感动的过程，学习知识是感悟的过程，而参加培训是时代对每一位教师的要求。在教育教学改革的大潮中，每一位教师都应奋勇勃发，积极参加培训，提升自身的专业素养，争做教育改革的急先锋！

第二节　教学变革：目标引领，问题驱动

"教学变革"这四个字在教师的心中有着特殊的分量。用敢为人先的豪情和革故鼎新的魄力，在化危为机中赢得主动，在攻坚克难中打开新局，是推动学校跨越式发展的不竭动力。

一、教学在变革中追求完美

一个时代有一个时代的革新。新中国成立以来，我国基础教育课程目标从"双基"发展到第八次基础教育课程改革的"三维"目标，再发展到高中课程标准修订的学科核心素养。每一次改革都带来课程体系结构、课程内容、教学过程乃至考试评价的必然变化。课程目标、课程体系结构、课程内容的变化最终要落实在课堂上。

在一次次革新中，人们认识到新课程改革必须通过教师的教学设计转化为教学过程，最终转化为学生的素养发展。《国务院办公厅关于新时代推进普通高中育人方式改革的指导意见》指出，深化课堂教学改革，提高课堂教学效率，培养学生学习能力，促进学生系统掌握各学科基础知识、基本技能、基本方法，培养适应终身发展和社会发展需要的正确价值观念、必备品格和关键能力。积极探索基于情境、问题导向的互动式、启发式、探究式、体验式等的课堂教学，注重加强课题研究、项目设计、研究性学习等跨学科综合性教学，认真开展验证性实验教学和探究性实验教学。

学校从中捕捉到了革新的关键点，那就是深化教学改革，提高教学效率，培养学生的核心素养。培养学生适应终身发展和社会发展需要的正确价值观念、必备品格和关键能力是教学的目标和任务，这些目标和任务的达成需要大力提升学生的学科核心素养。课程、教材、教学是培养我国学生发展核心素养的主要载体。

对此，应当明确的是，学科核心素养的培养需要在真实、复杂情境中应用知识。只有学生知道在什么样的情境中应用知识，知道在面对新的、真实世界的情境时如

何调适、修正这些知识，在能够解释信息、创建模型、解决问题、建立与其他概念和学科及真实世界情境的关联而形成理解世界的新方式时，学习才能真正发生。

在新课程改革理念的指导下，全国各地掀起了轰轰烈烈的有效课堂教学模式的探索。山东杜郎口中学"自学+合作+探究"的三三六学习模式；山东昌乐第二中学的"271"模式；江苏灌南新知学校的"自学·交流"模式；河北围场天卉中学的"大单元教学"模式；辽宁沈阳立人学校的整体教学系统和"124"模式；江西武宁宁达中学的"自主式开放型课堂"；河南郑州第102中学的"网络环境下的自主课堂"；安徽铜陵铜都双语学校的"五环大课堂"；江苏洋思中学"先学后教，当堂训练"教学模式，均取得了丰硕的成果，值得二十中学借鉴、学习和研究。

在新课程改革中，学校大胆学习借鉴优秀学校的改革经验，形成了以"精心指导，先学后教，交流提高，当堂训练"为核心的教学模式，激发了学生学习的主动性、积极性，教育质量得到稳步提高。

随着高中新课程方案的颁布和新教材的出版，如何落实好新课程、新教材，成为新时期学校转变教学方式的首要任务。勇于改革的教师不断探索、丰富完善具有学校特色的课堂教学方式，积极探索以"目标引领，问题驱动"为指导思想的课堂教学方式，不断推动课堂教学方式的变革创新。

二、教学方式变革激发学生的学习潜力

思想是一切行动的灵魂。《学会生存：教育世界的今天和明天》指出，教育即解放，解放人的潜在能力，挖掘人的创造能力，促进人的全面发展。知识并不是靠教师传递的，而是靠学生主动获得，通过对话性实践而建构起来的。教学目的不仅是传授课本知识，还是培养学生独立思考的能力、发现和解决问题的能力、学会学习的能力、合作交流的能力。

教师一直在思考一个问题：如何激发学生的学习潜力。学校探索提出了"学生主体、教师主导"的课堂教学策略。教师发动学生参与到课堂学习中，学生成为课堂学习的主人。小组讨论、交流展示、相互评价激励，学科小先生走进课堂，学生

的潜力被激发。他们在互动交流、探究体验中增长了知识、提升了能力。

学习金字塔原理告诉我们,最有效的学习方式是把刚学到的知识教授给别人,这是学习的规律。2010届高三年级毕业生晓晴同学以优异成绩考入清华大学。她在高三复习阶段主要帮助教师给同学解答疑难问题。看似耽误了自己的学习时间,实质上她在和同学的交流中提升了能力。

教师要在教学变革中努力创设条件,激发学生的学习潜力,让学生成为课堂学习的主人。具体需要做如下优化工作。

一是优化教学思想,即坚持面向全体学生,促进学生全面发展,让每一位学生进步。

二是优化教学目标,即坚持知识与能力、学习与创造、智力因素与非智力因素并重,努力培养学生的学习能力、创新精神和实践能力。

三是优化教学过程,即坚持以教师为主导、以学生为主体、以训练为主线,促使学生通过动手、动口、动脑获取知识,培养能力,发展智力。

四是优化教学方法,即实行目标引领、问题驱动下的互动式、启发式、探究式、体验式教学,讲究教学方法,注重学法指导,致力培养学生的自学能力,重视学习效果的检查反馈。

五是优化教学手段,即熟练运用现代信息技术手段,创设教学情境,激发学生的学习兴趣,充分挖掘学生的潜能,切实提高课堂效率。

六是优化教学内容,即切实落实基础知识、基本能力、基本思想、基本活动经验的传授、训练与积累;通过思维训练培养学生的发现问题能力、提出问题能力、分析问题能力、解决问题能力,聚焦提升学生的核心素养,充分挖掘新课程、新教材的内容,培养学生的创新精神与实践能力。

七是优化教学时间,即压缩单向传输信息的时间,搭建平台,让学生有更多机会参与思考、讨论、交流、展示。

八是优化学习方式,即强调自主学习、探究学习,通过小组合作同伴教育、互帮互学,使学生养成良好的思维习惯和探索精神、合作精神。

九是优化教学评价，即以学论教，建立科学合理的评价体系，对课堂教学做出客观、公正的评价，发挥评价机制的导向功能。

教师还要在教学变革中做以下工作。

一是不挑剔、不选择学生，相信每个学生都能学好，每个学生都能做好。设计教学活动是重要前提，组织好教学活动是教学关键，积极评价学生是教学催化剂。

二是进课堂的任务不是去讲，而是组织学生去学；只有学生学会，教学任务才真正完成。教师只是学生学习快车道上的"引桥"和"路标"，其作用就在于把学生引上桥。

三是不仅要研究如何教，还要研究如何让学生会学和学会。好课的标准不是教师讲得多好，而是看学生掌握知识的程度。

四是知识是学会的，能力是练出来的。知识的积累、能力的提高，没有一定的训练是不行的。教师要做到"量要适度、质在其中、精心选择、效益当先"。教师在教学过程中应做到语言简洁，切中要点，分析透彻；充分体现概念、理论解释的精确和问题阐述的精辟以及重点、难点处理的适当，从而实现课堂目标。

五是尽可能创设有效教学情境，把问题交给学生，从知识到问题，从问题到方法，再从方法到能力，强化教学过程中的问题意识。教师力求做到点拨到位，让学生主动积极参与到位，让学生的思维和感觉器官和谐运动，使课堂充满活力、气氛活跃，实现生生互动、师生互动。

六是既要改变自身的观念，又要做好学生和家长的思想工作，让学生了解教学变革的必要性和迫切性，了解新课程、新教材的一般教法和学法，让学生积极参与，树立发展自己的信心。

三、思维培养是教学方式变革的核心

教学活动是教师教的活动和学生学的活动的有机统一。从学生学的活动来讲，不论是明确学习目的、感知学习材料、理解所学知识、掌握学科方法、迁移运用知识、反思学习过程，还是提出问题、分析问题、解决问题、师生互动、生生互动等，其核心活动都是思维活动。从教师教的活动来讲，不论是明确教学目标、了解学生基础、进行教学设计，还是创设教学情境、组织教学活动、反思教学过程等，其核心活动也是思维活动。因此，思维活动是课堂教学中师生的核心活动。教学的本质是发展思维，所以开展思维型教学是教学方式变革的首要目标。

为此，学校对思维型教学的目标提出了要求。比如，思维型教学指向核心素养，特别强调对知识与方法的深度理解和在真实情境中的灵活应用、批判性思维与创造性思维能力的培养、合作能力与交流能力的培养、内在学习动机与自主学习能力的培养、创新素质的培养等。在这些素养中，思维能力处于核心地位。不论学生发展核心素养还是学科核心素养，其核心都是思维。

为做好学生思维能力培养工作，学校提出了如下五个基本策略。

第一，激发动机。动机作为学生的非智力因素之一，不仅是学生其他非智力因素发展的前提与基础，还是推动学生主动学习和积极思考的动力。在教学过程中，教师要创设适当的问题情境，激发学生的学习动机，调动学生学习的积极性，使其产生强烈的求知欲，保持积极的学习情感与态度。

第二，设计认知冲突。认知冲突指认知发展过程中原有认知结构与现实情境不相符时在心理上所产生的矛盾或冲突。在课堂教学中，教师要根据教学目标，抓住教学重点，联系已有经验，设计一些能使学生产生认知冲突的两难情境或者看似与现实生活和已有经验相矛盾的情境，以此激发学生的参与欲望，启发学生积极思考。

第三，自主建构。自主建构包括认知建构和社会建构两个方面。就认知建构来讲，在课堂教学中，教师恰当地列举生活中的典型事例，唤起学生已有的感性认识；运用观察和实验展示有关事物发展、变化的现象和过程；联系学生已有生活经验和已有知识进行教学。就社会建构来讲，教师要重视课堂互动。课堂互动是课堂教学中基本、主要的人际交往，也是一种常用的教学方式。在课堂教学中，教师和学生、学生和学生之间发生相互作用、相互影响，进而达到师生心理或行为的改变。从课堂互动的主体来讲，有师生互动和生生互动；从课堂互动的内容来讲，有思维互动、情感互动、行为互动。行为互动是课堂教学中师生的外在表现，情感互动是思维互动和行为互动的基础，思维互动是互动的核心。

第四，自我监控。自我监控是主体将活动本身作为意识的对象，不断对其进行积极主动的计划、检查、评价、反馈、控制和调节。自我监控能力不仅是教师教学能力的核心，而且是学生学习能力的核心；既影响着教学过程和教学效果，又影响着学生创造能力的发展。教学监控能力包括课前的计划与准备、课堂的反馈与评价、课堂的控制与调节和课后的反思。在教学设计环节，教师不仅要设计每节课的教学内容，而且要有一个长期的教学规划和系统的教学设计。在教学实施环节，教师要监控整个教学过程，根据教学实际情况合理调整教学难度、教学方法和教学速度，重视知识和方法的应用及迁移。教师特别关注教学反思环节。在每一次课堂活动将近结束时，教师要引导学生对学习对象、学习过程、思维方式、所学知识和方法等进行总结和反思。教师要通过总结和反思，使学生加深对知识和方法的理解，总结学习中的经验和教训，形成自己的认知策略，发展自己的认知结构，提高自我监控能力。

第五，应用迁移。应用迁移包括两个方面：一是将所学的知识与方法应用迁移到实际情境和其他领域中去，解决实际问题；二是将在学习过程中形成的与他人相互促进和相互合作的态度、积极探索和不断创新的精神以及行为规范和价值观以不同形式迁移到日常生活中。

思维型教学倡导自主学习、合作学习、探究学习、发现学习、项目式学习及讨论式教学、启发式教学、探究式教学、参与式教学等，不反对讲授，强调抓住教学的核心要求，围绕符合学生特点的、发展核心素养的教学目标，激发学生的学习动机，引起学生的认知冲突，促进学生的思维发展。

四、目标引领，问题驱动，让课堂教学更有效

"目标引领，问题驱动"是教师在教学方式变革的过程中经过认真思考总结出来的教学策略。教师在课堂上把教学目标通过板书、课件等形式呈现出来是学校一

直倡导的基本教学要求。把学习目标亮出来，让学生带着目标去学习，设计有效的研究问题，利用解决问题来驱动学生参与课堂学习的积极性。

学校为什么会如此看重"把学习目标亮出来"呢？

教学作为一种有目的、有计划的促进学生学习知识、发展能力、形成态度的复杂活动，必须有明确的目标。为此，学校对教师提出了相应的要求。

一是根据学生和教学内容，确定比较明确的教学目标和教学规划。在教学过程中，教师要监控课堂教学，根据学生的学习情况及时调整教学目标。

二是在创设的教学情境中提出高认知问题，引起学生的认知冲突，从而使学生明确教学目标，并积极主动思考。

三是关心学生是怎样提出问题的，并重视学生分析问题和解决问题的目的性与方向性，以便提高学生思维活动的自觉性和能动性。

有了目标引领，教师基于情境设置教学问题。在教学问题的驱动下，教师引导学生互动交流，探究体验，最终提升关键能力。

为此，学校提出了教学设计的基本流程。

教师通过备课组内的集体备课，基于培养学生的核心素养，共同确定教学目标，认真设计教学流程，精心设计问题串，根据每个班的学情，基于真实的教学情境设置问题，让学生通过解答问题串达成学习目标。

教师注意搭建平台多次追问，让学生既有独立思考，又有小组讨论，在互动交流中发展思维。同时教师注意方法指导，引导学生学思结合、展开深度练习，让学生在探究应用中体验成功的喜悦。学生需要了解学习目标，在自己熟悉的学习情境中积极思考，通过思考、解答、交流实现主动发展、巩固知识、拓展思维的目标。学生也在认真倾听、积极思考、参与讨论中动手动脑、做思结合、主动参与，从而掌握新知、发展思维、提升能力、创新实践。

多年来，教师在教学改革中迎难而上，回归教学本质去重构课堂，用自身的专业成长去助推学生核心素养的提升。

第三节　教科研思变：创新教科研机制

苏霍姆林斯基在《给教师的建议》中有这样一种说法：如果你想让教师的劳动能够给教师带来乐趣，使天天上课不至于变成一种单调乏味的义务，那你就应当引导每一位教师走上从事一些研究这条幸福的道路上来。进入21世纪，人们对"教师成为研究者""校本科研是教师专业发展的有效途径"等已经达成共识。对于学校而言，教育科研是学校发展的成功之路。

一、交好"微课题"这张"入场券"

在有些教师看来，"研究"似乎是遥不可及的。其实并非如此，研究就发生在教学中，只是我们没有意识到。教师对自己教育教学行为的思索、改进就是研究。学校首先把"微课题"研究作为教科研的"入场券"。学校对"微课题"是这样解释的：从小处着手，贴近实际，围绕学科，立足课堂找问题，选自己熟悉的、感兴趣的、有条件解决的问题。从研究主体的角度来说，"微课题"是教师自己的课题，以自己的教学为对象，是为自己的研究定制的；研究周期方面的要求是视内容而定的，可长可短，最长一年。

海淀区教育科学研究院院长吴颖惠在学校做了《触及教育领域核心问题的基层教育科研》的报告。她指出，"微课题"研究是基层教育科研的有效途径，可以提高教师的教育教学水平，有利于学校的发展，鼓励教师坚信自己能涉足教科研并取得成果。

"微课题"研究是每位教师都可以做到的，所以学校鼓励全员参与，人人申报。在课题研究期间，教师面对的问题是相似的，交流协作势在必行。"独学而无友，则孤陋而寡闻。"虽说是教师个人的课题研究，但也不适合闭门造车，由此学校建立了校本课题研究制度。各学科教研室在学期初始的教研会上通过共同讨论，根据学科教学研究现状确定总课题；各备课组在备课组会时间根据教学实际情况确定备课组子课题，由组内教师确立个人子课题。开题和结题的答辩都以教研室为单位来进行。

  2021年3月，学校化学教研室全体教师举行了一年一度的校本课题开题活动。作为基础自然科学之一的化学学科承担着培养学生科学思维能力的重要任务。顺应时代和新课程标准的需求，化学组的教师以"培养思维能力，提升核心素养"为主题开展校本课题研究。首先，由张景富老师介绍活动的背景和意义。张老师提出，思维是常态化科学探究教学的灵魂，思维的培养需要常态化。同时张老师指出在进行以思维能力培养为目的的课题研究时，切忌选择宽泛无效的主题；只有将研究聚焦到某一个点上，才能使科学研究真正落地。

  接下来是各备课组派代表进行开题答辩。九年级备课组以"真实情境在九年级化学中的应用"为研究主题，分别从问题情境的创设研究、基于真实情境下实际问题解决的课例研究、深度学习的角度进行了个人子课题研究。高一年级备课组结合高一年级的教学内容和实际情况，以"不同课型中化学思维能力培养的教学实践"为研究主题，分别开展了概念形成课、习题讲评课、实验探究课中进行化学学科思维能力培养的实践与探究。高二年级备课组根据高二年级的教学特点确定了"选择性必修阶段培养学生思维能力的教学实践"的研究主题，围绕化学学科核心素养发展的关键环节，引导学生积极开展问题解决学习，促进学生化学学习方式的转变，以不断提高学生的思维能力。由于高三年级面临高考，北京市高考对学生的创新思维要求较高，高三年级确定了"培养创新思维，提升关键能力"的研究主题，分别从思维能力进阶的教学策略、复习课教学评价等角度开展研究。在活动最后，张景富老师对各备课组的选题、研究计划等进行了详细的指导和总结，并指出各备课组的选题切合各自的教学实际，具有很高的研究价值。

  根据学校的校本教研制度的要求，教师实施研究过程中的探讨在备课组内进行，课题实践研究活动与备课组的教学实践紧密结合。在这个过程中，科研工作与教学实践相辅相成、相得益彰。

二、一件坚持做了多年的事情

  每年年底，学校教科室编辑的校本课题优秀成果集都会发到每一位教师的手上。

成果集选录的是当年的优秀校本课题成果,即获校本科研一等奖的论文。这是优秀成果的展示,也是对教师潜心科研的褒奖,更是教师交流学习的平台。

每年寒假前期,学校校本课题研究成果汇报暨表彰大会都如期召开。大会流程有三方面:一是表彰校本课题科研工作优秀集体和个人;二是选出优秀课题,由研究者展示交流课题研究成果;三是邀请有关专家做教师专业发展、提升科研能力的讲座。

2017年1月18日是令谢庆红老师难忘的日子。在本校课题研究成果汇报暨表彰大会上做汇报,谢老师既紧张,又荣幸。她的报告题目是《让研究变得有趣》(图3-6)。她讲述了"高一年级生涯成熟度特点及对生涯教学的启示"的校本课题研究。她认为生涯教育并非仅仅帮助学生选择和确定一份未来的职业,更重要的是指导学生终身学习。从研究前的准备、研究流程的规范、寻找数据支撑、对结果的分析与讨论,课题研究因为融合在学生生命个体中而变得鲜活有趣。通过这样的研究,她能更好地培养学生的生涯发展规划能力,因而她的研究动力十足。课题研究是一件有趣的事,这是潜心教育、醉心教研的教师的心声。

图 3-6 校本课题研究成果汇报

学校的科研通过校本课题研究，让教师在专业成长的共同愿景下，共同参与研究计划、实施步骤中，把课题研究与常态教学工作相结合，使研究路径与学科教学环环相扣，使教研室成为研究共同体。全员参与又使学校成为一个更大的研究共同体。

三、锤炼高阶科研能力的主阵地

教科研以教学为基础，教科研是教学的总结和提高。教科研水平是教师素质的标志，与教学能力一起构成教师能力的双翼。在学校教科研活动中，各学科教研室承担基本的教学研究、课题研究，是锤炼教师高阶科研能力的主阵地。

立足课题研究，做好校本教研。各学科教研室坚持以"研"促"教"，以"课"促"教"，以"思"促"教"，逐步形成了具有学科特色的共研体，大幅度提高了学科教学质量。

一次次的教研，一册册的成果，一场场的汇报、交流与对话，是教师生命涌动的形式，是教师生命自由成长的方式。坚持、求索一个个殊荣中：学校被评为海淀区高中课程改革先进校、北京市教育科研先进校……

四、图书馆、专家指导——教师的最佳充电方式

学校图书馆的一楼是教师阅览室(图3-7)。走进室内，映入眼帘的是茂盛的绿植、古香古色的桌椅，能让人瞬间沉静下来。在这里看书、学习，绝不会有人打扰。南侧的书架上有各种教育教学报刊，北侧的书柜里摆放着各种书籍、字典和词典，可供教师查阅。学校的高中楼有一处"问学书院"，里面书架上摆满了图书，都是我为教师精心挑选的。教师或坐在舒适的沙发上潜心读书，或俯首于宽大的书桌前抄录资料，或几个人围坐在茶桌前轻声研讨。

图 3-7　教师阅览室

只要走进这里,教师的"充电模式"便自动开启。

"磨刀不误砍柴工。"要做好课题研究,教师还要掌握一些课题研究的技能。做课题研究,开题报告怎么写?学校邀请北京市教育科学研究院基础教育科学研究所蒲阳副研究员做了《关于如何撰写开题报告》的讲座。蒲阳老师从六个方面讲解了开题报告的撰写过程。科研后期要出成果,科研论文怎么写?有专家答疑解惑。海淀区教育科学研究院党委书记高培志的讲座《不断总结教育经验 促进教师专业发展》从论文撰写、论文撰写中常见的问题、怎样写好论文三个方面进行了讲解培训(图 3-8)。这些"授之以渔"层面的培训使教师收获很大。

图 3-8 专家指导

五、"踩"在前辈的"肩上"做教研

教师在教研中遇到的问题学校会积极帮助解决。2019 年 4 月,英语教研室几位教师合作开发的"演"青春之华"铸"脊梁之魂——基于学科核心素养的英语戏剧活动要参加北京市基础教育课程建设优秀成果的评选。他们在课程设置、课程评价方面准备材料时遇到了困难,想让李黎明主任请一位专家做些指导。几天后,李主任邀请海淀区教育科学研究院党委书记高培志来到学校给教师做专家指导,后又邀请北京师范大学的教授做专题指导。最后，修改完善的课程成果获得海淀区基础教育课程建设优秀成果一等奖、北京市基础教育课程建设优秀成果二等奖。

又是一年的阳春三月，迎春花绽放着笑颜，迎接新学期的到来。校园里的师生开始忙碌起来了。张程艳老师坐在办公桌前，她的电脑屏幕显示着校园网中的科研课题页面。当时她正以新担任的数学教研室主任的身份审核其他教师的课题申报材料。校本课题研究工作在学校是从2010年开始开展的。2011年博士毕业入职的她每年都参与校本课题研究的工作，10多年的教师生涯也让她见证了学校校本课题研究工作的发展。图3-9为教师校本微课题研究汇报。

图3-9　校本微课题研究汇报

工作伊始，张程艳老师从校本微课题研究开始锤炼自己并逐渐进步。她拜数学特级教师李久省为师，积极向数学教研室的老教师学习请教。2014年，她参与李久省老师负责的北京市"十二五"重点规划课题"信息技术条件下基于课堂实践教学的高中数学自主性学习方式的实验研究"，挑起课题执行人的大梁，负责撰写开题报告、中期报告、结题报告，组织编写课题成果集。她撰写的论文有3篇在核心期刊上发表。她撰写的论文《新课标指导下培养学生数学核心素养的教学研究》在北京市中学数学教育教学优秀论文评选中获得二等奖；她撰写的《信息技术条件下高中生数学自主学习能力培养的探索与实践》获第六届北京数学教师论坛三等奖。她主讲的"一类动点轨迹问题的探究"在第十二届全国中小学创新课堂教学实践观摩活动中获现场说课一等奖。从对教科研知之甚少的科研新手到海淀区教科研种子教师，从海淀区中小学科研骨干教师到北京市骨干教师，张程艳老师坚定地走在教科研的道路上。如今她从李久省老师手上接过学校数学教研室主任的重任。相信有前辈的指导，她更会不畏困难，一往无前。

六、当学校管理走上研究之路

学校教育科研工作坚持以科学发展观为指导，以科研兴教、科研兴校为办学理念，旨在建设"人民满意，首都一流"的示范学校。学校的领导干部积极践行办学理念，在学校管理工作中卓有成效地开展了一系列的教育科研工作，努力把教育科研工作和管理工作共同提高到一个新水平。

我率先垂范，坚持做到了解科研、指导科研、保证科研，发挥了对学校科研工作的领导、组织和保证等方面的作用。我还亲自承担国家级课题"协作体模式培养区域创新人才的实践研究"和北京市课题"基于科技课程资源建设的创新人才培养模式的实验研究"的工作。后勤副校长承担的区级课题是"基于工作联系单在总务常规工作中的实效性研究"，教学副校长承担的市级课题是"北京市二十中学翻转课堂教学实践探索与研究"。

学校各个处室也以课题来界定教育教学管理的主题、科研团队，旨在促进工作的有效开展与实施，创设浓郁的校园科研氛围。信息技术教研室主任承担的市级课题是"轻量级智慧教育云平台研究"；教科室主任承担的区级课题是"基于中学教师自主科研能力构建的行动研究"；初中德育主任承担的区级课题是"培养中学生积极心理品质的教育实践研究"；团委书记承担的区级课题是"中学生志愿服务队伍建设及运行模式研究"。

工作中的科研是调查、实践，边研究、边改革，既能解决问题，又能及时见成效。以课题研究的视角做管理，更重视工作的理论依据与科学有效；研究中的文献及背景研究有利于吸取他处的经验，实现学校管理工作的与时俱进和不断创新。

第四节　智慧森林：信息化融合为教育赋能

当下整个人类社会步入信息时代，没有信息化就没有现代化。教育信息化是教育现代化的基本内涵和显著特征，是《中国教育现代化2035》的重点内容和重要标志。教育信息化具有突破时空限制、快速复制传播、呈现手段丰富的独特优势，可以成为促进教育公平、提高教育质量的有效手段，成为构建学习环境、实现全民终身学习的有力支撑，进而带来教育科学决策和综合治理能力的大幅提升。以教育信息化支撑引领教育现代化，是新时代我国教育改革发展的战略选择，对于构建教育强国和人力资源强国具有重要意义。

人工智能、大数据、区块链等技术的发展正在更加深刻地改变着人们的工作、生活方式和社会形态，进而也在深刻地改变着人才需求和教育形态。学校智慧校园建设是顺应智能环境下教育发展的必然选择。智能环境不仅改变了教与学的方式，而且已经开始深入影响到教育的理念、文化和生态。

学校从2008年开始，通过一个又一个的5年规划，从无到有、从点到面、从有到优、从数字化校园到智慧校园、从师生信息技术培养到无感知数据采集，一步一个台阶，与科技同行，聚焦新时代对人才培养的新需求，将教育信息化作为学校教育变革的内生变量，以学校智慧校园建设为抓手，推动教育理念更新、模式变革、体系重构，走出了一条适合本校特色的教育信息化发展路子。这些率先深度的探索也引起了主管部门和同行的关注。学校召开信息化应用方面的国家级现场会1场、省市级现场会1场、区级现场会3场，接待全国6个省级参观考察团、9个市级参观考察团、10个区级参观考察团，为全国各地的教育信息化建设提供经验借鉴。2019年12月，学校报送的案例被评为2018—2019年度全国基础教育信息化应用典型案例（图3-10）。2020年1月，学校被评为北京市教育信息化融合应用示范基地（图3-11）。

图 3-10　学校 2019 年获评奖项　　　　　图 3-11　学校 2020 年获评奖项

一、超前规划，整体布局

2008 年，北京市中小学开展了"抗震加固"工程。学校抓住这个契机，做了信息化的整体布局。

首先，学校做了一个信息化的整体规划，预设了未来 5~10 年教室应该是什么样子的，什么样的教室是理想中的教室。学校的几位主要负责人讨论完后，设计了一个标准教室模型，以此为基础进行了学校信息化建设的 5 年规划，期望通过多个 5 年规划逐步推动和实现学校教育的现代化。学校一方面希望规避信息化建设的重复投入，另一方面希望通过教育的信息化融合，助力新时代的人才培养。

2013 年，学校完成了第一个 5 年规划的建设目标，在硬件建设上建成了有线无线全分离的两张网。同时，在虚拟化的基础上，学校构建了云计算、云存储和交换中心三位一体的数据中心，建成了由一个平台、八大应用系统组成的数字校园基本框架。一个平台指包含教学研究、学生发展指导、行政办公、校园生活、金融服务等的软件应用平台。这个应用平台具有安全、开放、标准、高效等特点，运行了 60 多个具体的应用模块。八大应用主要指学校考勤系统、门禁系统、广播系统、可视电话系统、文印系统、实时录课系统、食堂就餐系统、信息发布系统，确立了数字校园的基本框架和良性发展的底层联动机制。2013 年，学校承办了由海淀区教育委员会主办的全国数字校园建设成果展示会，其数字校园框架模式得以展示推广。图 3-12 为学校网络拓扑图。

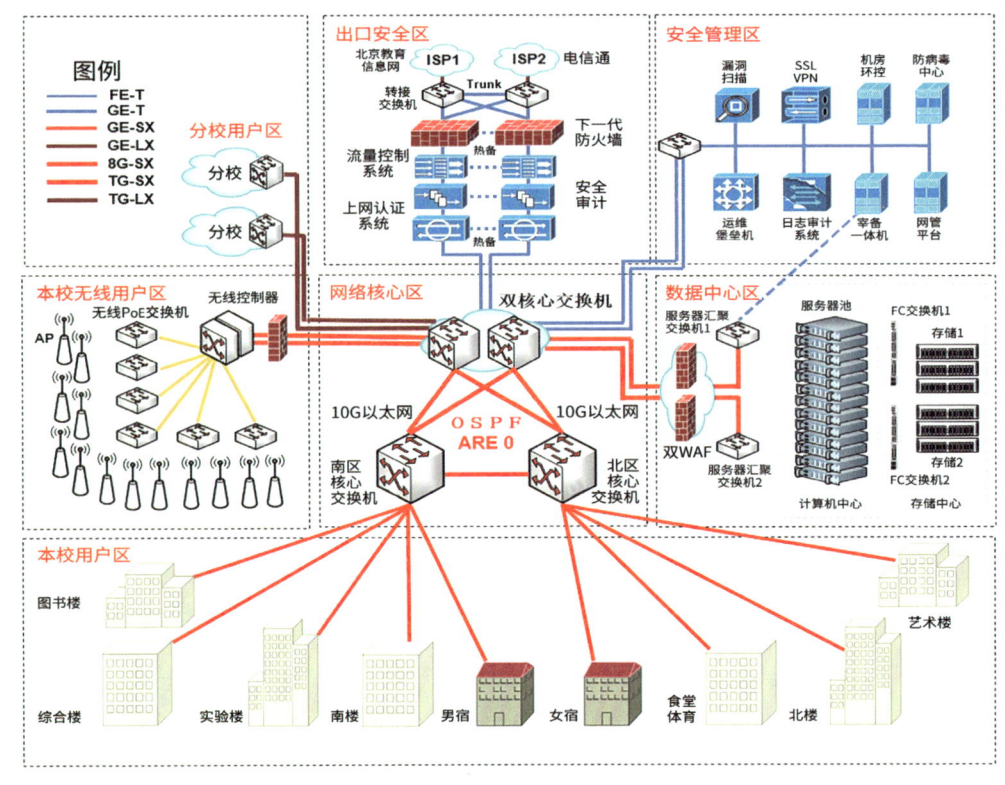

图 3-12 学校网络拓扑图

同时，硬件上的整体布局和超前规划极大地避免了后期随着技术和设备的不断升级带来的重复建设问题，一个标准化的开放的平台架构也为后面从数字校园向智慧校园的整体系统和功能的不断优化升级奠定了基础。学校引入容器化技术，搭建了国内首家轻量级智慧教育云平台；将公有云和私有云进行整合，制定统一公开的部署、数据和安全标准，将不同品牌和厂商的教育软件进行数据融合与统一管理。云端应用商店为学校智慧校园不断补充需要的新应用软件。

未来教室里的讲台安置在哪里呢？我们认为未来教室里的讲台的位置决定了学校的教学理念。有人说未来教室里的讲台不应该安置在教室的前面，而应该安置在教室的中间位置，或者未来教室不需要安置讲台。

我们希望未来教育中能够淡化教师原来的那种主体地位，希望把学生作为学习的主体。所以我们要改造讲台：一是讲台不应太大，不宜放太多东西；二是讲台不能放到教室的正中间。

原来讲台里面放着各种电教设备，很容易损坏，经常报修。学校当时有个设计理念：设备是为师生服务的，学校应尽量减少维护设备的麻烦，让师生随心所欲地运用这些设备。所以现在从讲台里面只会看到三根线：一根网线、一根电源线、一根视频投影线。这三根线满足了教师多媒体教学和信息化教学的基本要求；而其他的硬件设备尽量要隐藏起来。图 3-13 为学校平台标准化建设。

除了讲台相关的设施设备以外，学校为未来学校 10~15 年的发展预留了空间。比如，每间教室预留了 10 个接口，包括网口、视频口、摄影口等。10 多年前做的样板教室现在还在用，基本没有大的调整。通过实践证明，这样的教室设计是很超前的。当时预留的空间随着时间的推移越来越发挥着重要作用。比如，每个教室最后面正中间的位置预留了安装设备的空间。现在录播系统设备正在发挥着重要作用。

图 3-13　学校平台标准化建设

像讲台一样，学校的教室设计一直先想先行，为未来发展预留足够的空间。学校的教育也是如此，向着未来谋划，趁着改革前行。

二、教学的智慧助手

教育信息化不是几根网线和几台计算机，不是为了信息化而信息化，而是要围绕学校的教育教学，为实现学校的育人目标服务。学校通过信息化建设的探索，逐步将信息化建设推进到与学科融合和与大数据分析等深度整合上。

（一）实时录课系统：课堂的一面镜子

当上课铃声响起，师生迅速进入课堂，展开对知识的热烈探究。与此同时，计算机透过镜头默默记下来这一幕幕。这节课录好后，系统能按课表安排自动推送录课视频到任教教师的个人空间，供教师自己观看学习。教师需要保存视频时只需点一下"存储"。图 3-14 为教师实时录课。

图 3-14　教师实时录课

实时录课系统的引入最初是为了满足授课教师在讨论课堂教学质量提升时回看自己授课录像的需求。但与此同时，有的教师也有点担心同步录像会让教师完全没有了隐私感。系统录课的初衷是将录课视频作为课堂的一面镜子，帮助教师改进自己的课堂教学。因此，视频只对教师个人开放，其他人包括校长未经教师的同意都不得观看。如果教师对系统自动录制的视频不做操作，系统会在三天后自动删除以节省磁盘空间。如果教师点一下"分享"，其他师生还能通过网络在线听课学习本课或者实现在线教研交流。

这套录课系统使教师有录课需求时并不需要专门联系信息技术部门。录课随着上、下课铃声分别自动开启和停止，并自动派发给教师。实现完全自动化录课，既让技术助力于教育教学，又不让技术增加教师额外的负担。

（二）接入第三方资源，打造无边界课堂

上完课后，张老师总是会点一下录课系统里的"回看"，回看录课系统根据课表自动推送给张老师的录课视频。有了这个系统以后，张老师做课后总结、反思、教研等工作方便多了。

为满足学生线上、线下相结合的学习需求，学校研发了无边界课堂系统。这套

系统由实时录课系统和网络课程学习系统两部分组成。为了提升课堂教学质量，各班教室安装了录课摄像头，实现了录课系统按课表自动开启和停止录制每一节课的功能。这套系统的个性化研发还很好地解决了应用需要与隐私保护的平衡问题。网络课程学习系统让任课教师在将自己的授课过程自动录制出来后除了自己研究外，也可以选择把录课视频分享出去。无边界课堂系统就是自动汇聚任课教师分享的优质课堂实录供学生上网学习观看。学生在这个网络学习平台上除了观看视频外，还可以进行评论、打标签等操作。

学校非常重视学习资源建设，开辟了无边界课堂，也发动各学科教师进行自编学习资源汇集和校本题库建设。学校还搭建了校本科研系统、校内媒体资源系统等。除了校内资源汇集以外，学校还与超星、百度、创新泰克等第三方资源单位进行了底层数据对接，实现了学校师生对这些第三方资源的无障碍查询和使用。

（三）成绩分析系统：学生成长曲线图

小轩同学这次考试得到了这样一份成绩分析报告。报告的左上方显示小轩成绩的总分等级是优秀,综合评语为"你本次总分名次位于年级20%以内,属于优秀行列,祝贺你！希望你再接再厉，取得更好的成绩"。评语的下方是学科成绩表。学科成绩表横向上罗列着学科、满分、得分、标准分几项，纵向上罗列着语文、数学、英语、物理、化学各学科项。学科成绩表的旁边是一个标准分雷达图，标注了学科标准分不同层级坐标。其中有一圈加粗的蓝色网格显示了小轩这次各科成绩跟标准分之间的关系。雷达图的下面是各学科成绩具体情况的分析图，其中第一项是语文学科。语文学科分析图的最上方是得分，等级为良好，评语为"你本次语文名次位于年级20%～60%，属于良好范围。希望你加油，努力赶上，争取下次取得更好的成绩"。评语的下面为语文学科成绩分析表，横向上有项目、实际得分、标准得分、级别、级别评语，纵向上有基础与应用、名著阅读、现代文阅读、写作、文言文阅读。其中基础与应用栏里的级别显示优秀，级别评语为"基础知识掌握扎实，能清楚、准确地识记并正确运用"……

这份成绩分析报告对小轩的学业成绩进行了精准的分析。而且只有小轩有权利看到自己的这份报告,很好地保护了小轩的隐私。小轩能够清晰地掌握自己的成绩状况,得益于学校开发的成绩分析系统。为促进学生学业成绩的精准分析,同时保护每一个学生的隐私,学校开发了这套分析系统。

在过程性数据采集上,学校还开发了学业成长记录管理系统和高度个性化的学业报告系统,对学生的学业成绩进行个性化分析,形成了个性化成绩单。

(四)人工智能,实现教学个性化

近些年,人工智能一直是大家讨论的热点。关于人工智能跟教育的结合是大家非常关心的话题。国务院印发的《新一代人工智能发展规划》明确提出,要充分利用智能技术推进教学模式的改革,加速建立交互式学习体系。《国务院关于积极推进"互联网+"行动的指导意见》,"互联网+人工智能"被列为11项重点行动之一……不难发现,人工智能越来越得到国家的重视。在未来,它是促进教育教学智能化发展的有效途径,也是素质教育发展的重要理念。

在教育改革和探索中,学校非常重视人工智能技术的运用,将教育创新与人工智能相结合,面向未来,积极拓展。基于此理念,学校开发了可视化查询与分析系统和个性化教与学系统。

可视化查询与分析系统:从学校所有应用中抽取大量数据进行管理、整合、分析和利用,从中发现潜在问题和有价值的信息。利用可视化的方式进行展示,能够为学校管理层提供科学决策支持,能够满足教师个性化教学和学生个性化学习的需求,最终提升学校的办学水平。

个性化教与学系统:基于智能阅卷技术的应用,实现智能批改;利用对过程性测练数据的系统采集,形成基于课程改革的发展性评价分析报告,辅助教师开展精准讲评与个性化辅导;构建基于知识体系的智能题库与校本资源库,使资源获取便捷化、校本资源数据化;基于班级、学生的学情,实现大数据精准推荐,为教师推送试题拓展资源,辅助实现因材施教。

三、大数据让学生发展指导清晰、可量化

学生发展指导作为学校教育的重要责任和内容，离不开信息技术的深度应用和整合。而大数据的运用让学校对学生发展指导更加清晰，进而可以为学生量身定制可量化的指导。

（一）"数字画像"，让规划有的放矢

传统画像可以清晰地展示一个人的外貌形象，而基于人工智能和大数据技术运用的数字画像可以从学生实际情况的方方面面进行量化分析。图 3-15 为学生发展指导平台。

教师利用德育评价系统的日常行为评价栏可以清晰地看到某天各班级的日常德育行为状况。比如，在午休时间段九年级某班有一名学生出现了违反校风的"大声喧哗现象"；而在九年级某班的第五节课上一名学生因为制止不文明现象而得到表扬。教师可以从每周班级红旗评比中看到每个班级某学期某周的德育状况。比如，七年级某班因迟到扣 1 分，

图 3-15 学生发展指导平台

校风维护扣 2 分，课间操清楼扣 2 分，眼保健操扣 1 分，总分负 6 分，没有获得本周流动红旗；八年级某班在卫生方面扣 1 分,因为表扬得到 1 分,获得本周流动红旗。

教师利用学习上课评价系统可以清晰地看到某学生在某学年某学期的考勤、作业成绩、课堂表现和平时检测方面的评价情况。在考勤一栏，利用学生在一学期内迟到早退、事假、病假、无故缺课这 4 个方面的次数统计对学生进行过程性综合评价。学习上课评价系统主要是为了满足学生走班上课的场景下学科教师及时对学生进行课堂评价以及学校管理层精准掌握学生的走班学习情况的需求。这套系统包含学生的座位编排、走班上课考勤、课堂表现、作业评价和随堂测验评价等功能。

教育要对学生负责，对学生当下的学习和未来的人生负责。对学生负责，就要

摸清学生的状况，对学生进行有的放矢的规划和指导，研究并基于学生的实际情况和优势进行分析。

（二）"成长树"，我的成长足迹

教育就像农业，一颗颗幼苗的成长离不开农民从播种、耕耘、除草、施肥到收获等各个过程的付出。学校里的一个个学生离不开教师从每一节课、每一天、每一周、每一个学期、每一个学年，到整个学段的教育培养。把学生当作成长中的人，学生成长中的点点滴滴都值得铭记。而学校的"成长树"在扮演着记录学生成长足迹的角色。

小丁是一名高一年级学生，他从初中到高一年级，已经在学校经过了4年的学习生涯。点开小丁的"成长树"，我们可以查询到小丁在学校4年间每一天的成长足迹。成长树上记录着小丁的"在校表现""考试成绩""心情日记""考勤管理""综合素质评价"。点开"在校表现"，我们可以看到小丁每天的在校表现：2021年1月14日上午8点5分，小丁因为英语成绩优异受到一次表扬；2021年1月13日9点58分，小丁因为物理作业成绩优异受到特别表扬，9点59分因为物理课堂表现优异受到特别表扬……图3-16为学生的"成长树"。

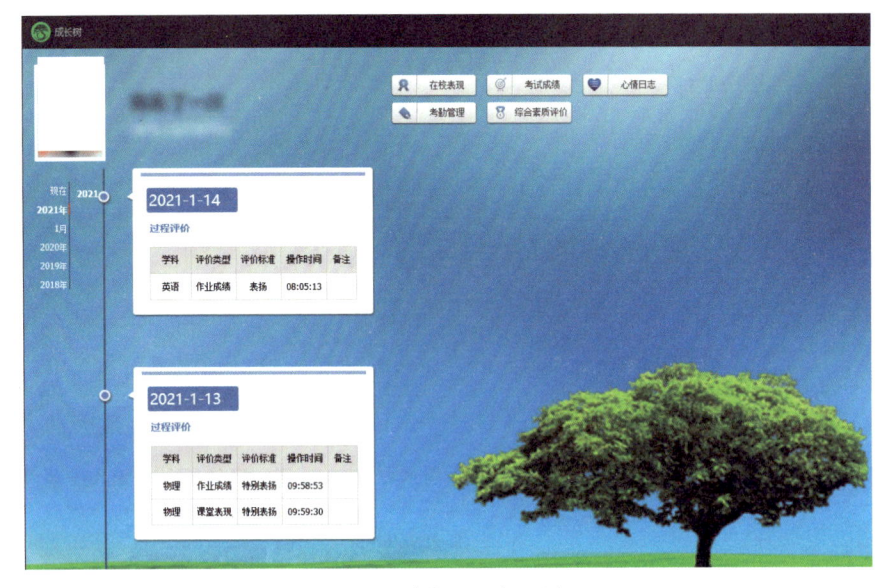

图 3-16　学生的"成长树"

这些点点滴滴的记录对于每个学生的成长都弥足珍贵。学校非常重视学生日常成长足迹的记录。智慧校园平台通过多个应用系统自动收集学生的行为数据，汇聚于"成长树"。"成长树"留下学生的成长足迹，唤起学生主动规划、自主发展的意识。学生可以通过这个平台聊天沟通，浏览自己发展状况的信息。这个平台还支持学生毕业后数据永久留存和查看。

"成长树"让每一圈成长的年轮都留下记忆的烙印，让每一个学生在成长的路上留下成长足迹。

四、管理效能的飞跃

信息技术的应用已经渗透到学校工作的方方面面，不仅在推动教育教学方面产生了重要作用，而且在学校管理当中也日益发挥着重要作用。信息技术的应用是学校管理现代化的重要标志，信息技术主要是通过对学校各种管理信息的收集、处理、存储、传送、分析等来实现学校管理的。信息技术在学校管理中具有信息收集全面、处理准确、存储安全、传送快捷、分析科学等特点，以此来推动学校各种信息快捷、准确地处理，实现学校的科学管理。

（一）文印系统

过去学校的文印系统问题较多，给这方面的管理造成了许多不便，也造成了成本浪费。过去网络共享打印时无法精确统计各部门办公文印费用，直接打印时容易发生文件拿错、忘拿等现象，信息安全无法得到保障。而庞杂的设备型号和数量，导致IT运维难度加大，资产管理负担重，采购工作繁杂。

一次机缘下，学校引进了某公司的智能文印系统。该系统有刷卡认证功能。师生通过校园一卡通在打印机上进行刷卡即可认证，能够保证信息的安全；而且学校可以实现任意设备漫游打印，支持多机型、无障碍漫游，提高了设备的利用率。学校管理部门可以对打印实施配额管理，通过科学追踪和计算在每学期给教师固定的打印配额，以此方便量化学校的办公开支费用；还可以做到个性化的费用统计。师生通过刷卡付费打印，对复印、扫描、彩打、黑白都能实现单独统计费用。该系统还可以做到内容留底：可将打印、复印、扫描作业快照留存，随时查阅；错误的打印作业可以进行筛选取消打印和调取打印。

现在文印系统已经在学校使用10多年了，学校可以远程监管每台机器的运行状态。如果出现问题，后台就会即刻显示提醒，以便维修人员对机器进行维修等。

该公司免费提供设备和软件系统，从文印的纸张里抽取费用：学校印的多，他们收的费用就多；印的少，收的费用就少。而维修和其他保障都是由该公司提供，如油墨、机粉等。

为了方便师生的使用，文印系统开发了两个钱包功能：一个是公用钱包，另一个是个人钱包。公用钱包方便对公使用。比如，对于一个教研组组长，系统根据追踪他的打印记录，估算他一学期的打印费用；然后学校一学期一次性地在公用钱包给该组长下发文印费。这样该组长就可以直接消费了。如果有结余，会自动转入下一个学期使用。

个人钱包是对私的。教师公用钱包的文印费用完了，可以往私人钱包充值，随时刷卡使用。个人钱包充钱没有用完的，可以随时提出申请退款。而学生使用的就是个人钱包。学校在每个楼道里都安装了智能打印机。学生在个人钱包充好钱，直接刷卡就能打印了。而且文印系统可以复印、打印、扫描、传真，大大地方便了师生的教学与学习。

实践证明，文印系统的使用极大地节约了学校的文印成本。文印系统的运用为学校教育教学提供了良好的服务，为教育教学工作的开展提供了有力的支撑。而且它还引领着学校教育管理质量的提升，节约了文印成本，提升了文印管理的效率。

（二）门禁系统

学校有专门的门禁系统。所有的程序都是自动化改造的，起源于宾馆的门禁设计，但是根据学校的应用场合做了特殊的改造。门禁系统有哪些特色呢？

第一，门禁系统既能用于考勤，又能用于开门。比如，学生早上6:00到学校以后，刷一下门禁卡就可以开门了。如果学生迟到了，系统里就会显示。

第二，办公室和教室的门禁系统有一定的区别。教室门第一次刷开以后，是常开状态。考虑到教室进出的人很多，常开关容易造成门禁和门的损坏。如果需要关门则采用偶数次刷卡解决。而办公室为了安全，采用每次关门自动锁门设计。如果忘记关了，门禁系统会自动关门。当初在设置门禁系统的时候，学校就根据不同区域的特点设计了不同的程序。

门禁系统还有一个特点，就是门禁系统在断电情况下会自动开门。这种设计主要是考虑到火灾等特殊情况下的人员安全。

以前，最后一个人走出学校的时候，只要一关门、一刷卡，门就锁上了。为了安全，学校还设置了一段自动控制程序：每天晚上10:30，如果有人忘记关门，这时会自动关门。

除了将门禁和考勤做了有机整合以外，学校还根据一些业务对门禁系统做了定制化开发。现在学校使用门禁卡。门禁卡既是公交卡、饭卡、图书借阅卡等，也是打印卡。学校本着三个理念对门禁卡的功能做了整合：第一，节约成本，通过扣款消费让师生树立节约意识、控制成本；第二，养护分离，让用的时候不用操心，放心地用；第三，树立服务理念，尽量要给师生提供便利。

门禁系统的使用大大地方便了广大师生，也助推了学校管理效能的飞跃，实现了学校的科学管理。

第五节　集团化发展：优化均衡配置教育资源

党的十八大以来，教育领域全面深化综合改革，大力推进教育优质均衡发展，努力办好人民满意的教育。2012年，《国务院关于深入推进义务教育均衡发展的意见》明确指出，发挥优质学校的辐射带动作用，鼓励建立学校联盟，探索集团化办学，整体提升学校办学水平。2017年，《中共中央办公厅　国务院办公厅关于深化教育体制机制改革的意见》提出，改进管理模式，试行学区化管理，探索集团化办学，采取委托管理、强校带弱校、学校联盟、九年一贯制等灵活多样的办学形式。教育集团化办学在各地丰富实践的基础上再次加快推进。

作为基础教育领域政府主导下的一种办学模式的创新，教育集团化办学首先带来的是教育组织管理的创新。它是一种以契约为纽带，构建大规模、多层次的组织形态，通过优势互补或以强带弱，推进教育资源优质均衡发展的办学模式。

进入21世纪，伴随北京城市建设的快速发展，一些区域的人口规模显著增加，原有的教育资源已经无法满足社会需要。在政府规划部门的主导下，一些新建社区按建设规划标准要求配套建设学校，以满足新迁入居民子女接受教育的需要。面对这种局面，教育行政部门为提高办学效益，满足居民"上好学"的需求，将一些新开办的学校交由办学质量好、品牌影响力大的优质校来承办，由此形成了集团化办学中的二十中学教育集团（简称教育集团）。

一、二十中学附属实验学校：白纸绘出新蓝图

2014年，一块教育用地长期搁置，导致该区域中小学入学难问题十分突出。在当地政府有关部门的推动下，开发企业承建了教育配套设施一期工程。经海淀区教育行政部门研究决定，将该配套学校交由二十中学来承办。鉴于该区域义务教育阶段学位严重不足的问题，决定将这所新建学校办成九年一贯制学校。

2014年，在二十中学的支持下，二十中学附属实验学校（简称实验学校）开办后平稳发展，办学规模逐渐增大。实验学校2021年已经形成了师生近2500人的规模。由于实验学校特殊的建设背景，教育集团对实验学校的创办投入了大量的资源，奠定了实验学校高起点的发展之基，确定了高标准的发展之调，开辟了高质量的发展之路。这使实验学校在短时间内从无到有、从小到大，初步形成了完整的办学体系、完善的管理机制；研发了合理的课程方案，培养了师生良好的行为方式。

万事开头难。作为新办学校，创办的历程是艰辛的。这考验了教育集团的组织协调能力和教师队伍素质。

除了实验学校纷繁复杂的日常工作外，面临的特殊环境也考验着学校教师队伍。实验学校鲁校长讲述了筹备开学时的艰难状况。

我们这所学校 2013 年 10 月才开始一期建设工程，当时预计需要一年半左右时间才能建设完成。但主管领导告诉我们 2014 年 9 月必须开学。我们按照上级要求，2014 年 6 月开始了一年级的招生工作。区教育委员会要求，9 月务必启用已经建设好的教学楼，2014 年新招收的学生在新学校上学。区教育委员会还要求学校全力以赴做好开学的各项准备工作，务必保证 9 月 1 日如期举行开学典礼。我们当时面对的情况非常艰难，任务也很艰巨。怎么办？这个工程是 2014 年政府重点建设的民生工程，就是为了让当地的学生能够就近上学，解决人民群众的实际困难问题。政府的承诺只有靠我们的努力才能兑现。为了学生，我们当时动员起了一切可以动员的力量。大家分头采购教学设备仪器，打扫和布置环境，组建教师团队，讨论教学方案等。

经过近一个月的奋战，9 月 1 日如期开学。虽然我们第一年有 100 多个学生，但参加开学典礼的有三四百人，很多学生都是带着家长来的。让我至今难忘的是家长自发带来了十几条横幅，表达对党和政府的感谢、对学校的美好祝福。

我们是第一次见到这种场面，那一刻我们所有的辛苦都烟消云散了，感到所有的付出是有意义、有价值的。我看到当时很多教师都掉下了眼泪。我觉得我们真是体现了二十中人的那种"勇担当，有作为"的脊梁精神。

全体教师的努力和付出保证了学校的如期开学。这种精神体现了教育工作者应该承担的使命与责任，也得到了社区和家长的高度赞扬。

在这种良好互动的状况下，实验学校开启了办学之路。开办之初，实验学校的教师仅有 15 人，管理人员和骨干教师全部是二十中学派出的。统计资料显示，当时这支教师队伍的平均年龄为 35.2 岁。其中，干部 3 人，占 20%；骨干教师 4 人，占 26.7%；普通教师 8 人，占 53.3%，构成比较合理。这些教师中有 6 人来自二十中学，占教师总数的 40%；有 7 人为新招聘教师，占 46.7%。这两部分构成了实验学校教师的主体。另外，高级教师占 26.7%，中级教师占 26.7%。这两项合计的比例刚过一半，显然教师职称偏低。这与新教师多有直接关系。研究生学历的有 7

人，占 46.7%，说明教师队伍整体学历层次高，教师专业素养好。特别是教师队伍中党员的比例达到三分之二，成为绝对主体，说明队伍整体的政治素质高。这也说明二十中学对教师的选拔更加注重政治素养。因此可以看出，实验学校组建了一支学历层次高、政治素养好的教师队伍。这支教师队伍虽然职称偏低、工作经验不足，但充满活力、创新能力强，符合实验学校的工作特点。

虽然在2014年8月编制委员会就批准了实验学校设置独立组织机构的申请，但由于学校规模小、人员少，条件还不够成熟，因此开始时只是作为二十中学的一个部门来进行办学。学生的教育教学工作由实验学校的干部教师团队负责，其他工作由二十中学负责保障支持。

一年后，实验学校才开始逐渐形成独立组织机构，人、财、物逐步从二十中学分离出来，但行政工作仍然依靠教育集团的帮助。经济活动的独立为实验学校的健康发展提供了经济保障。办学经费依据办学标准和财政制度全部拨到实验学校，由实验学校自主使用。二十中学对实验学校的帮扶由二十中学"买单"，充分保障了实验学校办学经费的使用。

在各种支持和措施的保障下，实验学校的各项工作取得了明显的发展成效。办学质量很快就赢得了社会的广泛认可，集团化办学效益初步显现。负责行政工作的杨老师这样描述了实验学校的发展变化："实验学校虽然是集团的一个校区，但发展很快，赢得了广大家长和社会的认可。招生工作一年比一年好，低、中学段已经超过了原有的设计规模。实验学校发展一年一个样，有几点变化较为明显。一是基础设施建设进程加快。至诚楼、至善楼装修工程完工，实验学校信息化建设完工，也进一步完成了围墙的修缮、篮球场的修建等项目。二是教师队伍扩充快。从建校初的12人到现在的61人，教师队伍在不断地扩大，学历水平高，自身素质高，专业水平也在不断提高。三是脊梁课程建设成果显著，形成了具有学校特色的脊梁课程体系。基础课程建设、选修课程建设以及艺术、体育、信息技术特色教育都取得了较好的成绩，冰球社团和健美操社团也都取得了不错的成绩。四是校园文化建设特色初现。现在学校已经形成了特色校园文化，低、中、高各学段都拥有了自己的文化符号。五是学生成长得快。从一年级的小豆包到现在的中学生,学生的变化很大,也取得了很多方面的成绩,获得了多项市级比赛荣誉。"

这些成绩让教师体验到了创业的喜悦与幸福,让教师树立了发展的信心,激励了教师以更高的热情投入实验学校的建设。

2017年初中部开始招生以后,实验学校的人员组成发生了明显变化。拥有低、中、高和毕业四个学段,办学规模显著扩大,教学内容不断增加,日常组织管理工作越来越复杂。为了适应这种变化,实验学校不断扩大干部队伍,加强干部队伍建设;规范各项工作的标准与要求,加强制度建设。这与过去的管理方式明显不同,标志着实验学校的发展进入了一个新的阶段。

从建校初期就来到实验学校的马老师强烈地感受到了这种变化:"随着实验学校的发展、学生规模的不断扩大,越来越多的班级和教师加入这个大家庭。各种事务性的工作就不再适合进行集体讨论了,我感觉实验学校早已考虑到了。较明显的一点是实验学校的会议不再是全体教师一起来开,而是由相关负责教师来进行商榷,然后进行传达落实。教师都感觉有了管理机构或者组织机构的概念,觉得更像一个规范化的实验学校了。更多的事情都有实验学校的相应部门或者负责人去落实,有条不紊。"

当然,除了感受到办学规模的扩大和效益的提升,实验学校发展面临的问题也越来越多。赵老师指出了这个阶段实验学校面临的问题:"虽然我们在各项比赛、各种竞争中都名列前茅,取得了优异成绩,但也还有很多方面需要继续努力。尤其是在每年大量增加新毕业大学生师资和新年级学生的情况下,新教师的有效培训、新生的管理教育以及对家长的教育都是非常重要的问题。我觉得实验学校有几个方面需要加强建设。一是制度建设。建立健全各项规章制度。科学积极制度的建立能降低风险、促进发展,逐步形成用制度规范教育教学行为、按制度办事、靠制度管人的机制。二是干部队伍建设。干部队伍随着实验学校规模的增大在逐渐壮大。干部是全体教师的领头羊,是实验学校的中坚力量。加强干部队伍建设当然是重中之重。三是教师队伍建设。教师的力量也是逐年增强的,教师的发展和进步与实验学校的建设息息相关。所以要加强对教师尤其是新教师的培训和队伍建设，保证师资的稳定和优质。四是加强对教师的人文关怀。实验学校绝大部分教师都是家在外地，孤身一人在北京打拼的情况。为了让他们更加安心幸福踏实地工作，加强对教师的人文关怀尤显重要。"

伴随实验学校规模的扩大，教育集团调整干部工作安排，加强实验学校的干部力量，将二十中学的党委书记张书记派到实验学校担任书记工作，协助实验学校执行校长开展工作。张书记的到来极大地加强了新建的管理团队领导力的提升，促进了实验学校的领导方式的转型与变革。

学校的组织机构健全以后，首先，加强干部队伍建设，提高管理的实效性。建校初期受发展规模的影响，实验学校只有一位主管主任，主持全校的工作。两年以后，实验学校的办学口碑在老百姓中广为流传，开始扩大招生规模；教师人数也逐年增长。队伍壮大了，事务性工作多了，需要更多的干部参与实验学校的管理工作，提高工作的实效。为此，张书记根据实验学校的现状积极进行分析，为实验学校的发展提供意见；同时对有能力的教师进行考察，认真和教师分析工作中存在的问题和不足，帮助青年干部成长。

其次，积极发挥党员的作用，树立榜样形象。张书记注重发挥党员的先进性。在书记来到后，实验学校认真组织党员干部学习，提高党员的觉悟，在党员示范课、党组织在年级的作用等方面做出了大胆的尝试，也起到了很好的促进作用。

最后，发挥集体智慧发展实验学校。大家一起评估可能会遇到的问题和风险，找到最佳的方式解决问题。

伴随办学规模的扩大，实验学校发展面临的形势开始发生变化，管理制度的地位和所发挥的作用日益凸显，教育集团对实验学校的指导与帮扶越发重要。建立以学生为本的内部管理制度，形成与社会、家庭进行良好合作互动的公共文化，建立现代学校制度，是实验学校在下一个阶段走向成熟的必经之路。这个过程离不开二十中学的指导帮助，二十中学的文化资源始终是实验学校建设与发展的"财富"。图3-17为实验学校在体育方面获得的荣誉。图3-18为实验学校在建设方面获得的荣誉。

图 3-17　实验学校在体育方面获得的荣誉

图 3-18　实验学校在建设方面获得的荣誉

迄今为止,实验学校仍处在建设中,还未形成完整的学制和最终的办学规模。但实验学校的发展历程已经清晰地呈现了二十中学创办新学校的办学思想与具体举措,体现了二十中学的文化对实验学校的影响以及集团化办学的意义。

（一）阅读能让"小调皮"变成阅读者

阅读可以拓宽学生的视野、拓展学生的思维、培养学生的想象力、提升学生的理解能力、提升学生的语言表达能力和独立思考能力,对学生的发展有着至关重要的作用。基于此,实验学校从建校之初就一直致力于实施全学科的阅读课程建设,努力打造一所爱阅读的学校。图 3-19 为主题阅读活动。

阅读课程实施中,坚持全学科协同、全学段贯通,通过课程资源建设、课内外融合、阅读实践活动等途径,指导学生进行拓展性阅读、跨学科阅读、整合式阅读、项目式阅读等,全面提升学生的核心素养；让阅读成为获取知识、增长智慧、形成

图 3-19 主题阅读活动

素养的有效途径之一；以阅读教育再造课程建设，从而构建教育新生态。

一方面，教师以语文、数学学科为突破，自主研发了阅读课程的配套教材，建立了与课堂教学相辅助、有衔接的教材编排体系。教师通过构建完整的科学体例，培养学生的阅读素养。

另一方面，教师以教材阅读材料为着眼点，延伸阅读课程素材，体现整合性、拓展性。教师将阅读资源的利用与教学设计相结合，不断凸显阅读资源的价值。教师将课内阅读与课外阅读、现实生活、实践活动有机融合，形成完整一体的阅读链条，让阅读更立体、更丰满。

同时，实验学校通过开展主题阅读活动，搭建阅读展示平台，促进学生阅读能力、表达能力的全方位提高。比如，举办脊梁会客厅、校园诵读大赛、"脊梁少年"爱读书活动、每日一读的活动；开展"我多想告诉你，我们爱读书"读书月活动和"阅读'益'起来，悦读越爱读"读书节等主题特色活动。一系列的"书香校园"主题读书活动，营造了良好的读书氛围，激发了学生的阅读兴趣，实现了从输入到输出的转化。

几年来，实验学校的学生已经养成了爱阅读的好习惯，实施阅读课程的效果也在学生身上体现出来。实验学校每年定期进行的阅读测试成绩都远远高于常模水平，体现出学生爱表达、会表达的能力。在校园开放日、研学课程、接待新加坡小朋友等国际交流、接待来访客人等活动中，学生都表现得勇敢自信、落落大方。阅读让学生悄然发生变化。

在春天的校园，点点杨絮乘风飞舞。校长问学生："校园里出现了点点白色，你们知道这些白色的小精灵叫什么吗？"学生异口同声地回答："叫杨絮。"校长接着问："以前教师给你们讲《一粒种子》的时候讲过蒲公英的种子是随风传播的，就像这随风飘落的杨絮一样。那么校长给你们个小任务，这些杨絮要飘到哪里？要干什么去？你们能不能试着和杨絮对话？要是能用《老树的故事》那样问答的形式来写一写、画一画，创作自己和杨絮的故事，就更好了！"学生开心地接受了这个小任务，那些"小调皮"的小眼睛也正在飞舞的杨絮之中闪闪发光呢！通过这样的小任务，"小调皮"不仅转向了阅读，也转向了生活中真切的观察、思考、表达与创作。阅读治愈了调皮的学生，让他们走进生活、热爱生活。

通过读书，教师欣喜地看到那些曾经追跑打闹的"小调皮"，变成了安静而专注的阅读者。这就是阅读的力量。它于"润物细无声"中改变着学生的思维方式和行为习惯，这也是一种"软教育"。学生与书为伴，与书对话，与书同行。阅读已经成为一种习惯，阅读已经成为一种文化，阅读已经成为实验学校的一道亮丽的风景线。如今，"文学、艺术见长，办一所爱阅读的学校"已经成为实验学校的发展特色。

（二）小冰球，大梦想

实验学校的办学目标是让每一个学生全面而有个性地成长。为促进学生的个性发展，实验学校着力于卓越能力课程的建设。卓越能力课程是面向有特长的学生，尊重学生个性化发展的课程。它依托社团开设，内容丰富，如冰球、足球、队列滑、合唱、弦乐、啦啦操、舞蹈、流行舞、跆拳道、七彩梦绘画、戏剧表演、航模等。实验学校为学生选聘专业教师，培养学生的专业素养，助力学生朝着专业化方向发展。

通过课程的引领和教师的教育引导，学生的专项能力得到长足发展。实验学校的"炫动"花滑队、健美操队、脊梁梦想合唱团、弦乐团、"北极星"冰球队均在各级大赛中获奖，尤其是"北极星"冰球队的成绩更为突出。

说到"北极星"冰球队，不得不说实验学校一直开展的冰雪教育。一所学校的发展离不开国家和社会的大变革。在发展过程中，善于抓住机遇能够成就一所学校。实验学校的冰雪教育就抓住了2022年冬奥会的契机，发展壮大起来。冰雪教育现在是实验学校的特色，"北极星"冰球队也已经成为实验学校一张响当当的"金名片"。

在训练与比赛中，许多出色的冰球小将脱颖而出，诗瑞同学就是其中之一。他是学校2014届的学生，曾获"海淀区三好学生""优秀学生干部"等荣誉称号，还曾获2019年全国青少年U系列冰球锦标赛U12组第一名和北京市第三届中小学生冬季运动会冰球比赛小学甲组第一名。诗瑞同学练习冰球已多年，目前是海淀区冰球队08队队员和北京市青少年冰球队U12队队员。

谁能想到，如此优秀的诗瑞同学在刚入学的时候让教师有些费心。一年级的时候，他课间爱和同学打闹，是冰球这项运动改变了他。

在《冰球见证我的成长》一文中，诗瑞同学写道："在我成长的过程中，其中一个瞬间让我永远难忘。一天晚上，父亲问我，学校马上就会成立一个冰球队，想不想参加？当时，我哪里明白什么是冰球，只想凑个热闹。所以，我懵懂和肯定地说要参加。为此，我踏上了让我引以为豪的冰球之路。关于冰球，只有练过的人才知道，它需要很多技能才能成为一个优秀运动员。要在冰球路上走好，只有努力。"

在5年的冰球训练、比赛过程中，诗瑞同学刻苦训练，不惧失败。通过参与冰球运动，他收获了健康的体魄，懂得了团队合作。更重要的是，冰球让他明白：无论做什么事情，只要找准目标，坚持努力下去就一定会有回报。

他在见到习爷爷之后接受采访时说道："我一直有句话想对习爷爷说，我现在一定要努力练习冰球，打出北京，打出中国，实现我们的中国梦！"

虽然训练力度、强度不断增大，但他的学习也从未耽误。他充分利用课间和午休等零碎时间预习、写作业、复习，学习成绩在年级仍旧名列前茅。如他自己所说："小学时我就习惯这样'见缝插针'的节奏。2017年习爷爷接见我们小球员时，特意嘱咐大家不要耽误学业。他的话就是我努力的方向和动力。"

这就是诗瑞，一个带着梦想、在梦想之路上追求的快乐男孩。像他这样在卓越能力课程学习中成长起来的学生还有很多，故事也有很多。卓越能力课程发展了学生的特长，促进了学生的个性发展，带给了学生更好的未来。图 3-20 为冰雪教育活动。

图 3-20　冰雪教育活动

（三）让课程建设成为学校腾飞的翅膀

实验学校作为一所集团化办学辐射的优质校，在建校之初就把课程建设作为头等大事。实验学校结合九年一贯制的优势和特点，根据育人目标进行脊梁课程一体化建设，把国家对于培养人的要求转化成教育教学中可践行的、教师易于理解的具体要求，进行课程改革和育人模式的变革，以课程建设引领自身的内涵发展。

实验学校作为一所九年一贯制学校，从建校之初就非常重视课程整合与创新，重视全员参与。在实验学校领导的带领下，全体教师都是课程建设的设计师、实施者。甚至家长也参与到了课程建设之中。

课程建设之路并不平坦。一开始，教师对"课程整合"的概念理解得并不透彻，凭借当时仅有的经验和认识编写了第一版课程建设方案。其中的很多想法还比较粗浅。

为了编写出更加成熟的课程建设方案，实验学校领导采取了"引进来"和"走出去"相结合的策略，一方面聘请专家为教师条分缕析地讲解课程建设如何开展，另一方面派教师到全国各地学习课程建设的经验和方法。教师认真把握校内外所有的学习机会，经过各种努力，编写了第二版课程建设方案。第二版课程方案相较于第一版而言有了很大的进步，但在指导实践的过程中还是存在一些问题。往返于理论与实践，经过一次又一次的反思，2020年第三版课程方案得以呈现。第三版课程建设方案的体系更加清晰，内容更加完善，理论更加成熟。

实验学校的脊梁课程体系按照低、中、高三个学段进行课程内容设计。低学段为1~2年级，中学段为3~5年级，高学段为6~8年级，9年级为毕业年级。课程内容设计上突出"贯"的特点。一是注重小学与初中的课程贯通，体现衔接性；二是注重国家基础教育课程与学校一体化课程的横向贯通，体现整合性；三是注重课程评价的贯通，充分利用信息化平台对学生9年的学习情况进行过程性记录，体现可持续性。

课程结构上以"中国脊梁"具有的五种素养为基础，遵循适应性、选择性、综合性和特色性原则，分为基础课程、拓展课程、综合课程和卓越能力课程四种类型，构成实验学校的课程体系（图3-21）。

基础课程：它重在落实学生的发展基础，根据地方课程和校本课程进行教学内容的整合，是全体学生必修的课程。它注重课程整合、学科间整合、跨学科整合、校本课程整合；注重课程重构，注重阅读课程建设，重视衔接性课程的研究。

拓展课程：它重在促进学生的个性化发展，以培育学生的自主意识、完善学生的认知结构、提高学生的自主选择和自我规划能力为宗旨，着眼于激发学生的兴趣、开发学生的潜能。

拓展课程是实验学校课程的亮丽名片，深受学生、家长的喜爱。其特点是门类多、接地气、高水准。它围绕五种素养开设，以"尊重个性，多元发展"为原点，满足

第三章 变革为纲，在求变中谋发展

卓越能力课程	学科创造类课程：音乐制作、舞蹈创作、绘画创作、文学创作、文学艺术研究课题课程 学生社团课程：弦乐团、冰球社团、舞台剧表演、队列滑社团等					
综合课程	研学课程 节日课程 礼仪课程 实践课程	实验课程： 头脑风暴 酷玩科学 发现生活中的科学	风采性课程： 个人风采 班级风采 家庭风采 艺术嘉年华	健康课程： 课间操 运动风采展示 运动挑战 心灵之旅	实践课程： 设计旅游路线 制作班级、学校大事记日历 劳动实践
拓展课程	国学启蒙 朗诵与口才 诗词中国 外教课 英语剧表演	物理小课堂 数学阅读 动物的进化 种植课程 你好，化学君	童声合唱 民族舞蹈 尤克里里 剪纸 刺绣	乒乓球 武术、健美操 花样跳绳 跆拳道 足球、击剑	无线电 花卉养殖 小制作 小木工 小缝纫师
基础课程	语文、地理、历史、英语、道德与法治	数学、物理、化学、生物学、科学	音乐 美术	体育 心理	劳动技术 信息技术

图 3-21　实验学校的课程体系

学生个性化的学习需求。它设置了不同层次、不同种类的内容，各个学段开设的课程有上百种。学生每周学习两次，可以根据自己的基础、兴趣、特长选择适合自己的课程。每年12月，实验学校会进行课程验收暨嘉年华活动。这一活动成为实验学校的亮点，成为师生共享的精神文化盛宴。

综合课程：它让学生根据自身的学情和学习兴趣进行自主选择。它具体包括主题课程、研学课程、实践课程、节日课程、阅读课程等类型，充分落实"五育并举"的发展要求，体现课程的综合性和实践性，体现育人功能，促进学生全面发展。

卓越能力课程：它具体包括学科创造类课程和学生社团课程两种。它主要面向有特长的学生，培养才能突出、成绩卓著的学生。

多年的脊梁课程一体化建设，为师生发展赋能，让实验学校发展走上了快车道。实验学校的变化日新月异，获得北京市基础教育课程建设优秀成果一等奖，被评为北京市基础教育学生评价工作先进单位，已经成为海淀区新优质学校，也成为家门口家长满意的学校。表3-1和表3-2分别为主题课程介绍和节日课程介绍。

表 3-1 主题课程介绍

月份	低学段主题	中学段主题	高学段主题
1	梳理知识,明确方法,提升能力;传统文化月	文艺嘉年华;寒假安全伴我行;传统文化实践月	总结,提升,再出发
2	文化体验月:感受传统节日,发扬中华文化	家庭劳动教育;社会调查实践;学期规划制定月	紫禁城里过大年
3	新学期、新气象、新期待	立规矩,育习惯;学雷锋、好榜样;公民道德宣传月	雷锋精神我传承
4	走进春天、感受春天、享受春天	讲卫生、重安全,敬畏生命、亲近自然;"春之美"诗词大赛;生命安全教育月	专题探究诊病因,深度学习促发展——期中加油站
5	劳动教育月;爱劳动,守规则,明礼仪	劳动最美丽;劳动情感价值观;劳动技能教育月	生活技能大比拼 我的卧室我整理
6	快乐童年月;庆祝"六一"	欢庆"六一";盘点收获,纪念成长;学习方法总结月	忆童年 逐梦想 来日方长
7	知识梳理月:怀揣目标向前行,眼望远方有作为	验收成长,诚实守信践行月;暑期规划;假期安全教育月	能力课程总动员
8	趣味活动月:实践中学知识	快乐暑假;社会实践拓展月	快乐暑假,安全在心中
9	培养好习惯,辨别是与非;脊梁念桃李,书签寄师恩	学规范、正行为、养习惯,尊师长、爱集体、运动秀;学期班级建设月	好习惯助我成长
10	我和我的祖国;中秋节,重阳节	祖国我爱您;国庆歌咏比赛、朗诵会;爱党爱国教育月	以国家为榜样,规划再前行
11	成果展示月:眼有目标,心有规划,行有方法	感恩与我同行;细数学习收获;安全牢记心间;全国消防安全月	勤学苦练酬壮志,厉兵秣马闯雄关
12	课程展示月:盘点知识,收获成长	文艺嘉年华;分享收获,共享成长;能力课程提升月	脊梁秀场,我最亮

表 3-2 节日课程介绍

节日	按照不同的学段开设不同的课程
元宵节	做花灯、闹元宵;灯谜会、做元宵;元宵故事大讲堂
植树节	我给小树喝喝水;我为校园添点绿;快乐种植
清明节	网上祭扫活动;缅怀烈士,"缅怀革命烈士"主题征文活动;走进革命烈士陵园
端午节	五月五,唱歌谣;忆屈原,佩香袋;快乐"粽"动员
劳动节	劳动技能 DV 展;小鬼当家;劳动能手比赛
儿童节	争当优秀红领巾;爱心跳蚤市场
教师节	小小贺卡表心意;祝福传递;硕果累累
国庆节	"我爱祖国"绘画赛;国庆歌咏赛;诗歌朗诵会
重阳节	重阳故事大比拼;最美夕阳红,别样的亲情;"小手拉大手"活动

（四）脊梁课程评价助力小脊梁成长和发展

学校的课程安排凸显育人元素。课程内容包括居家道德教育、学科指导、体育锻炼、艺术鉴赏、快乐阅读和劳动体验等。这些课程内容要求学生通过每周主题班队会、综合学科实践等方式来学习。自主式、合作式、探究式、项目式的学习方式也值得肯定，让我们的学习自驱力和自我管理能力大大提高。

——楷瑞同学

学校的顶层设计推动了脊梁课程建设，为教师的专业发展提供了平台。学校的脊梁课程建设让我们体会到了教师成长与发展的价值感、成就感，更坚定了我们为基础教育事业贡献智慧的决心。脊梁课程，我们在路上！

——马思超老师

在课程实施中，实验学校已建构了一套完整的课程评价体系，遵循科学性、可操作性、参与性和主体多元化原则，体现评价的过程性、学期的增值性、项目的全面性。其中，实验学校更注重过程性评价，关注学生的学习习惯、学习质量、自主管理等内容。随时随地的评价让学生的学习更主动、更自觉、更有动力。总结性评价通过自评、师评、生评、家长评等多种评价方式，在德智体美劳方面对学生进行全方位评价，包括个性特长发展等，让评价更多元、更立体。这也正应了《深化新时代教育评价改革总体方案》提到的"探索开展学生各年级学习情况全过程纵向评价、德智体美劳全要素横向评价"。

常规性评价促进养成教育：学生平时的各方面表现是综合素质评价的重要依据。为了让综合素质评价更全面客观，实验学校采取常规性评价的方式，把学生一天的在校表现分为文明礼仪、课堂表现、队列行走、课间操和眼保健操五个方面进行评价。实验学校专门印制了相应的脊梁卡，由班主任和任课教师根据学生的表现颁发给学生。各班以周为单位进行各项统计，按全班脊梁卡总数的多少评选五星模范班级和四星模范班级。同时，每位学生的奖卡数量会被班主任记录在成长记录袋中。这样学生的各项常规表现实现了量化评价，使评价更为客观且有说服力。别小看一张小小的脊梁卡，它在激励学生养成良好的行为习惯方面发挥着重要作用。

展示性评价促进个性发展：为了让综合素质评价更全面客观，除了常规性评价外，实验学校还采取了展示性评价的方式。各班的教室后墙、走廊的宣传扎板上或者学校的微信公众号平台上，把学生的各科优秀作业、作品等学习成果进行展示。教师利用平时的班会、校会或者升旗仪式，给学生展示自己的机会。每年年底，实验学校举办文艺嘉年华活动，给学生搭建展示才华的舞台，发展学生的个性。

根据课程评价发展的需要，实验学校专门研发了拓展课程评价系统和综合素质评价系统，完全借助网络完成评价。在实验学校的数字校园平台上，当学生和教师在选修课模块和综合素质评价模块中完成相关操作后，系统自动将该课程的师生数据、课程数据流转到相应模块。整个系统形成联动，选课、评价、成绩发布构成一个完整的过程，实现了快捷、高效的评价操作。图 3-22 和图 3-23 为学生参与课程学习。

综合素质评价促进全面发展：综合素质评价涉及学生的个人喜好、学习情况、体质健康、师长寄语等内容。综合素质评价按学科、活动分为思想品德、语文、数

图 3-22　学生参与课程学习（1）

第三章 变革为纲，在求变中谋发展

图 3-23 学生参与课程学习（2）

161

学、英语、科学、道德与法治、音乐、美术、身心健康、综合实践活动、师长寄语、发展报告书等。

多样的评价形式、全面的综合素质评价有效地促进了学生全面而有个性的发展。在实验学校的大家庭，每个人都能找到自己的成长点、发展点。

几年的研究实践证明，课程评价已经成为撬动学校课程改革的支点。

（五）谁说年轻就不能乘风破浪

从入职的新教师发展成成长型教师，再从成长型教师发展成专家型教师，要经历不同的发展阶段。这就需要实验学校站在教师教育一体化的角度全面规划教师的专业发展。

实验学校建校之初只有十几位教师。得益于集团化办学的优势，教师队伍不断成长与发展。目前，教师的研究生学历达80%。面对这样一批高素质、年轻化的教师队伍，实验学校在教师队伍建设上建构起"一个目标、两个结合、三个计划"的发展机制。"一个目标"——打造"共学、共享、共生、共创"的教师发展文化；"两个结合"——坚持年级发展团队及教研发展团队相结合的发展路径；"三个计划"——针对新教师、发展中的青年教师、骨干教师三个不同群体，以"发展计划、提升计划、拔尖计划"为目标，进行教师专业发展梯队建设。

"三个计划"是实验学校第二个五年发展的重要举措，也是教师专业发展的重要内容。具体包括：新教师发展计划重在培养教学基本功，形成初步的教学技能，培养合格型教师；发展中的青年教师提升计划重在培养骨干，促其成为研究型教师；骨干教师拔尖计划重在培养名师，促其成为专家型教师。同时实验学校还建构了相应的三个阶梯团队：学习型团队—成长型团队—发展型团队，以滚雪球式的发展模式循环上升，让教师发展不断升级。

实验学校开展了成长型团队问题教学展示活动。在活动中，各团队围绕课程改革的方向，确立团队学科的同一研究主题，进行深入探索与实践。在展示活动中，成长型团队导师与徒弟进行同题教学展示活动。各团队经历集体备课—集体打磨—集体展示—集体评议等集体教研的全过程，做到深度教研，彰显团队的研究力，实现团队研究效能最大化。

2020年，夏秀男老师、葛菁老师和郝宇老师组成了数学学科的成长型团队。团队三人齐心协力、共同努力，创造了一个又一个佳绩。他们在实验学校的成长型团队展示活动中以同课异构的方式展现了各自的教学风采，为数学教研组开拓了更广的研究空间。在海淀区第九届"世纪杯"教师教学基本功竞赛活动中，夏秀男老师精心指导葛菁、郝宇两位青年教师参赛，均获得一等奖。教师在团队中互助成长，乘风破浪，不断创造发展的奇迹。

实验学校通过分层、分类开展不同层面的活动，体现教师发展的层次性、突出发展的重点。实验学校通过定目标、压担子、搭平台等方式，引领教师在教学实践中积极探寻新的教学途径，让教师在实践中提升教学研究能力。一方面，借助专家力量，开展专题培训、新教师培训；请专家进课堂，形成跟踪指导；建立师徒制，拜北京市特级教师王化英、张鹤为师，促进教师发展。另一方面，通过各级各类比赛、教师论坛和教师讲堂、读书交流、基本功展示等活动，搭建各种平台，促进教师多锻炼、多展示。

尤其是每个学期的"脊梁杯"教学比武活动已经成为全方位、立体化展示教师风采的舞台。所有教师都期待在教学比武活动中与同伴"一决高下"。"脊梁杯"教学比武活动分层、分类进行，不同发展阶段的教师的比武活动内容也不同。在比武方式上，有微课制作比武、微格教学比武、教学设计比武等促进教师专业技能提高的"小比武"；也有展现教师综合素质的课堂教学"大比武"。每次比武活动后，实验学校都进行比武的"总结—颁奖—分享"，促发教师在其中借鉴提升，不断发现榜样，发现自我，寻求自我发展的增值点。

一位教学比武活动获奖教师在交流中这样表达："我感受到，这个经历让我更坚强、更快成长。这样一场大赛的设计，从前期的方案到赛场的筹备，从学校层面、教研组层面，到每位参赛教师、观赛教师，都给予我一份帮助、一份力量，让我更有动力做得更好！"

同样，一位观赛教师也从大赛中深受启发："从教师比武活动的启动仪式到圆满结束，这场比赛历时一个多月。我从初赛到帮助进入决赛教师磨课，再到目睹教师在决赛现场的风采。其间所听、所想、所感、所悟汇聚在一起，成为我教师人生中一段特殊的成长经历。我既为给参赛教师提供了建议而感到骄傲，也为自己在此过程中的成长感到自豪。经历就是成长。"

实验学校的青年教师不负厚望，快速成长，在教育、教学、科研等方面都取得了成绩。实验学校9位教师参加由基础教育司同北京市教育委员会组织的"同上一节课"活动。在北京市第二届、第三届"启航杯"青年教师教学风采展示活动中，2位教师获得一等奖。在2019年区级学科带头人、骨干教师展示活动中，有6位教师分别获得说课、论文一、二等奖。在2020年海淀区第九届"世纪杯"青年教师教学基本功展示活动中，31位参赛教师全部获得录像课、论文各种奖项。在各级各类教学基本功、教学论文、课题成果等活动中，所有教师获得不同的奖项。在2020年海淀区教育对口支援工作中，有40余人次的教师参与线上教研、线下教研、送课、培训、微课展示等活动，助力三所受援学校教师的发展。一颗颗"教育新星"就在这样一个教学严谨、互帮互助、积极向上的团队中发展起来、快速成长。

2018年，樊倪老师来到实验学校，承担道德与法治学科的教学。一年以来，樊老师不断学习实践，全力以赴参加各级各类教研活动，一年内先后上了10余节公开亮示课，多次参与分享交流活动。她在北京市第三届"启航杯"教师教学展示活动中脱颖而出，荣获一等奖。樊老师在获奖以后写下这样的感悟："在自己入职一年以来，我的进步受到了很多教师、领导的影响。量的积累到了一定程度，才会引起质的飞越。只有自身的教育教学能力卓越，才对得起学生的期待与喜爱。只有自己优秀，才是对学生与家长最好的回馈。作为一名青年党员教师，这是我毕生的使命与职责，是作为教师的本分所在。"

樊老师彰显了作为一名实验学校教师朴实勤勉、脚踏实地、不懈追求的精神。

其实，这也是实验学校所有教师的一个缩影。实验学校还有许多这样的青年教师。他们在自己的教育之路上努力着、奋斗着，通过点燃学生的梦想照亮自己的美丽人生。

实验学校领导充分信任青年教师，不但在教育教学岗位上给予发展机会，在提拔中层干部上也不拘一格。2017年，实验学校领导整体规划，提拔了第一位年轻干部王雪老师。那一年，她只有29岁。

王雪老师这样说："面对管理岗位，我感到肩上的担子很重，但是为了不辜负学校的信任，还是勇敢地承担下来。在刚开始工作时，由于经验不足、资历尚浅，我难免有考虑不周的地方，没少犯错误。但是，校长和书记抱着一颗宽容的心，耐心为我讲解，细致指导，不断帮助我成长。几年下来，我已经能够很好地胜任工作，独当一面，具备了良好的管理能力和干部素养。学校还有多位和我一样的年轻干部，被任用后在不同的岗位上历练、成长。相信凭着我们的朝气、创造力、热情、想法，定能不断带领教师前进。学校对于人才的重视，会让每一位青年教师看到只要肯干、肯付出，每一个人都能在学校找到属于自己的舞台。"

年轻，充满了无限的可能；年轻，也蕴含了无限的精彩。实验学校拥有一批高素质、高学历的青年教师。这些优秀的青年教师是实验学校的特色风景，更是实验学校发展的不竭动力。在实验学校教师培养计划的培养下，他们未来一定能够在全区乃至全国绽放光彩。

（六）家校携手共育脊梁

在养成教育的过程中，家庭教育和学校教育同等重要，缺一不可，相辅相成。家校携手方能产生教育合力。

实验学校每年3月定期召开校级家长委员会的换届改选，推选出家长一致认可的家长代表委员开展工作。实验学校开设家长学校，培养成长型家长。每个学期坚持家访，组织亲子活动，开展家长咨询活动，开展线上、线下形式丰富的家长会、家长开放日活动，开设家长课程，利用网络交流平台定期开展交流活动等，收到了较好的效果。

令人感动的是，当实验学校遇到困难时，家长都会挺身而出，尽自己的力量支持实验学校发展。他们或是帮忙摆放图书，或是协助在学校门口维持上学和放学秩序。开放的办学让家校心连心，让所有的家长能都了解实验学校的工作。每个人都是学校的主人，知道学校的一草一木、一桌一椅。

家长还积极参与实验学校的课程建设，作为志愿者参与实验学校的各项活动。健康秀场、文艺嘉年华活动的开展和"六一"庆祝课程、种植课程、主题课程的开设……到处都能看到家长的身影。他们大都是自发自愿报名，为师生服务。家长参与实验学校的各项活动，为学生的成长开辟了更广阔、更精彩的成长空间，也为实验学校的发展增添了更多的生机与活力。图3-24为家长参与实验学校活动。

图3-24　家长参与实验学校活动

在2018年"六一"儿童节那天，二年级（5）班承办了游园环节中京津冀地方文化的展示活动。针对展示的具体方案，二年级（5）班家长志愿者积极地出谋划策，最后确定了传统相声表演、美味的特色小吃和传统手工艺的体验三大模块。在活动筹备中，家长志愿者或是购置物品，或是排练节目，或是寻找校外资源、布置展示棚，耐心帮教师分忧，真心为学生添彩。在活动当天，家长早早来到学校，为活动的顺利展开做最后的准备。活动中家长全身心地投入，维护活动秩序。

二年级（5）班颖涵的妈妈说出了自己的感受：我们京津冀味十足的展示棚，

有精彩的相声表演、美味的特色小吃，还有传统手工艺的体验，引得孩子纷纷驻足参观，流连忘返。看到孩子灿烂的笑容，真心觉得一切都是值得的。作为一名孩子的家长，能为了孩子的快乐成长奉献自己的力量，我感到是非常有价值、有意义的事情。

办学以来，家长与校长、教师、学生在建校第一年共同种下的银杏树，见证着实验学校的发展。家长在实验学校发展过程中发挥了重要的助力作用，乐于参与实验学校建设，支持实验学校发展，和教师携手共育脊梁。未来实验学校将和家长一起续写新的辉煌。

二、新都校区："由弱变强"的蜕变之路

2003年，清河县第三中学作为当地的一所普通初中，生源严重不足，规模不断萎缩，办学面临严重危机。经海淀区教育委员会研究决定，将该校合并到二十中学，从而形成了二十中学一校两址的办学格局。

对于二十中学而言，两校合并办学是一项新的任务和挑战。在二十中学的发展史上，虽然20世纪60年代因为校园改扩建，经历过"一校两址"的变迁，但是时间并不长，而且后来两个校区彻底分离，没有将这个过程中的有效办学经验保留下来。因此，对如何建设新都校区并没有现成的办学经验和可借鉴的案例，对二十中学的办学能力是一个巨大考验。

二十中学采取各种措施对新都校区进行改造提升，努力转变新都校区的发展困境，促进两个校区的协调发展。

第一个时期为分校管理工作的探索期。当上级教育行政部门宣布这一合并决定后，二十中学开始着手对清河县第三中学进行全盘接收。合并涉及人、财、物等诸多方面，需要有一个交接的过程。所以，为了避免因合并影响学校的正常运转，过渡时期二十中学决定任命原校长为该校区的执行校长，主持该校区的日常工作，其他干部教师的岗位也维持了原状。

由于此时期缺少主管领导的统一协调、组织，二十中学的管理模式、育人理念等未能真正在新都校区得到有效体现。新都校区的工作依然停留在低水平、低效益的层面上，发展一度停滞不前，管理模式的改革势在必行。

2006年，新都校区进入发展的第二个时期——德育先行期。教育集团派德育主任岳艳玲到新都校区。岳主任将二十中学在德育管理方面的优秀经验带到分校，重点对班主任管理工作和学生习惯养成方面做了大量工作，校风逐步好转。同时总校投入资金对新都校区的土操场和计算机房进行改造，办学条件明显提升。

2009年，新都校区进入发展的第三个时期——教学提升期。针对新都校区在教学中的落后局面，教育集团及时委派有着丰富的教学管理经验的教学主任王萍主管新都校区工作，并在此阶段从二十中学调入多名经验丰富的学科教师加强新都校区的师资力量。经过多年努力，新都校区的教学成绩逐步提升。

2015年，新都校区进入发展的第四个时期——综合提升期。为促进新都校区的全面发展，教育集团对新都校区的领导班子进行了全面调整。由尹荣举任新都校区主管校长，并给予新都校区在人事与财务上更大的支持，进一步授权新都校区自主管理和建设，鼓励自主发展。图3-25为新都校区开展学生活动。

图3-25　新都校区开展学生活动

在二十中学五彩课程体系的引领下，新都校区积极推进适合本校区的课程建设。"中秋礼赞""端午祭礼"已形成新都校区特色节日类课程。新都校区还相继开发了"香山红叶""走进中原"等爱国主义游学课程，大量的校本课程深受学生喜欢；与北京射击队业余体校联手，培养射击人才。

针对相对落后的硬件设施，新都校区完成了对整栋教学楼的加固和环保装修，整修校园环境，发挥环境的育人功能；陆续改扩建食堂，铺设塑胶跑道，装配标准机房，显著提高办学的硬件水平。图3-26新都校区校园。

图 3-26　新都校区校园

在这个时期，新都校区的教师队伍得到了补充和优化。教师队伍结构日趋合理，青年教师比例明显增加。骨干教师人数的增加，提升了教师整体的专业发展水平。教师学历层次也在提高，教育科研氛围逐渐形成。

2019年，闫立红主管校长来到新都校区。校区发展进入第五个时期——全面发展期。新都校区秉承二十中学的育人理念和办学方针，提出建设"阳光自信有作为，勤奋创新勇担当"校园文化，以文化建设引领校区发展，以建成让老百姓满意的家门口的好学校为目标，主抓教师队伍建设，重视课程改革和课堂教学，加强学生理想信念教育和人生规划教育，全力推进学生发展指导，发展学生的兴趣和特长，促进学生全面而有个性地成长，大力进行校园改扩建和校园育人环境的建设。图3-27为新都校区环境建设。

图 3-27 新都校区环境建设

经过10余年的探索，新都校区不断突破，终于走出了一条符合自身校情的办学之路。每个时期都表现出了鲜明的发展特征，实现了校区发展的转型升级。

（一）立德树人，让每个学生茁壮成长

正如苏霍姆林斯基所说，只有创造一个教育人的环境，教育才能收到预期的效果。好的德育课程是学生茁壮成长的助推器。

望着慢慢变得懂事的他，新都校区晏小玲老师心里有一种莫名的欣慰与喜悦。因为经过两个学期的辛勤培养，他正在破茧成蝶，努力成为那个在空中飞翔的蝴蝶！他

就是晏老师班里的小Z同学。他用短短的两个学期让大家见证到了什么是真正的光彩。

从初中进校，晏老师第一眼见到他，无精打采的神态让晏老师有些吃惊。不仅如此，在之后的校园学习生活里，他总是违反校级班规。比如，上课睡觉、迟到、哼歌、课间打闹，带零食、带玩具等。每天早上晏老师总得赶到他之前到校，及时制止，避免影响上课等事件发生。他的学习就别提了，总是不好。渐渐地，大家都开始远离他、不接纳他。他的这些行为都是对教师和同学的不尊重，也引起了晏老师的极大关注。

面对这些现象，晏老师及时跟家长联系，全面了解情况。经过调查，他是家里老大。父亲是某家互联网公司高管，成为家里的经济顶梁柱。母亲文化层次不高，主要是带家里三个孩子，操持全家。在小Z同学牙牙学语时，父亲由于工作繁忙，根本没有时间给予孩子教育和生活的引导，缺乏适度的陪伴，错过了孩子一生启蒙教育的关键时期。到了小学中、高年级，孩子的学习、行为、品德等问题就暴露出来了。家长觉得是孩子的问题。在小Z五年级时，家里有了老二，是个聪明伶俐的女孩。小Z进入初中以后，他们家又添了一个女孩。这下家里的重心已经放在两个女孩身上了。转眼进入初中学习生活了，问题变得更加严重。

晏老师坚定目标，把小Z同学的这些言谈举止看在眼里，记在心里，转化他的不良现象已在进行中；认为小Z同学的可塑性很强，经过不懈的努力一定会取得进步。

轮到晏老师班值周升旗了。晏老师悄悄问小Z：愿意做升旗手吗？他说试试吧。结果天天升旗和降旗，他做得非常出色。他总是每天早上第一个来学校。放学铃一响，等晏老师抬头看他时，几秒的工夫国旗就已经被收回来了。他能坚持做好自己的工作。这真让人感动啊！这也培养了他的责任心，锻炼了他的意志力，让他在班里找到了自己的位置，贡献了自己的力量。在班里，大家也慢慢接纳他了，他也不再干扰大家的学习了。现在他上课期间基本上能管好自己。

这些变化都充分证实了他在努力、在进步、在往好的方面发展。我们应该相信他、帮助他、改变他。

可见，学生需要理解、尊重。我们想事和做事时要换位思考，理解学生的心理，尊重学生的人格。学生非常需要教师的关心、爱护。尤其对待特殊学生，教师的一个关爱的眼神、一个亲切的举动、一句轻声的问候、一个真诚的微笑，洒给学生的就是一份雨露、一缕阳光。

（二）青年教师——学校发展的不竭动力

青年教师是学校发展的生力军。青年教师兴则学校兴，青年教师强则学校强。青年教师有理想、有担当，学校就会有发展，学生就会有希望，实现学校的发展目标就有源源不断的强大力量。

新都校区十分重视青年教师的培养，对青年教师寄予殷切期望，全力支持青年教师在教育岗位上实现自己的人生理想；通过青蓝工程、教学论坛、青年教师展示课、海淀区风采杯大赛等活动为青年教师搭建起坚定理想信念、树立远大目标、追逐教育梦想、实现人生价值的平台。

在第一届新都校区教育教学论坛上，两位青年教师的发言交流，令人耳目一新。

2015—2021年，杨柳青老师一路寻觅教育的芬芳。她非常感谢师父陈瑶老师的守护与指导，让她在陌生的教育道路上听到春天爽朗的笑声，闻见百花幽幽的香气。

记得刚入职时，杨老师作为没有任何教学经验的新教师，在教学方面总会感到很忐忑。对于教材文本的解读是各有不同的，可是如何设计教学思路，把握教学方向，成为摆在所有新教师面前的一道坎。此时，师父的指导作用越发凸显。在关键处，有人扶一下，无论在心理方面还是在工作方面，青年教师都会获得莫大安慰。

陈老师总会在那紧要的几步帮助杨老师。刚入职时，陈老师手把手教杨老师。她们的备课活动并没有局限于每周的备课组活动时间，而是只要得空，便会就最近的教学内容分享自己的看法。刚开始，总是陈老师说得多，杨老师说得少，杨老师按照陈老师的想法去实施。陈老师总是鼓励杨老师多提自己的想法。陈老师常说："你们年轻人思维活跃，有什么想法尽管说。"在以后的备课活动中，杨老师发现，徒弟敢开口，师父善倾听；徒弟暴露问题、闪现火花，师父及时点评、把握方向，都是青年教师成长必不可少的一步。

相互听课、评课是杨老师向陈老师学习的较为直接的一种方式。刚入职时，杨老师去听陈老师的课，感慨颇多。相较而言，陈老师的语言很精练，重点很突出。杨老师反观自己，内容很丰富，但往往造成太多重点就是没有重点的现象。同时，课堂教学中，陈老师特别关注学生的反应，而杨老师在这方面的意识就没有这么强。至今杨老师还记得陈老师对她说的话，眼中有学生，教学方可精进。杨老师感到师徒结对就像一条无形的纽带联结在自己与陈老师之间，使她们在有意无意之中增加了交流的机会。

陈老师总说，年轻人应当勇于尝试，这也能让师父从中受益。如此，师徒结对就不只是师父单方面地指导徒弟。在这个过程中，师父与徒弟都能够得到成长。双方获得成长的一个重要途径是同课异构，即同一篇课文，进行侧重点不同的教学设计。但是这要求师父和徒弟能静得下心，付诸得情。

杨老师和陈老师在上抒情散文这一单元时，采取的是这样的办法：她尝试将学习过的古诗内容融入抒情散文的教学。陈老师听完她的想法，大为支持与赞赏。实践之后，杨老师将尝试的结果与陈老师分享。陈老师提出意见，让杨老师及时撰写课堂心得，加以整理，往后再积累些，可以撰写一篇完整的论文。在之后的教学中，陈老师总是叮嘱杨老师多动笔杆、勤积累。最终在海淀区的教师基本功展示、教学设计、试题设计等比赛中，杨老师均获一等奖。此外，她申请的北京市科研课题也顺利结题。

陈老师提纲挈领，常常将杨老师的教学想法串成线或者形成研究小课题。在陈老师的指导下，杨老师给学生做过不同类别的专题讲堂，涉及汉字、诗词作者、经典作品等。为了培养学生的阅读兴趣，扩大阅读面，增加阅读量，她们尝试开设语文沙龙"欣读"活动——先让学生将自己的阅读所得或疑问写在读书笔记上，交给教师批阅，由教师拟定话题供学生选择。师生对谈的方式让学生能够更积极地表达，阅读兴趣更持久。这样杨老师的教学能力在实践中不断提升。

师徒结对不是仅限于一对一的学习。一个师父带一个徒弟固然有其优势，但其实往往使徒弟只求一位师父，而不能够博采众长。杨老师刚入职时，新都校区共有6位语文教师。陈老师常常让杨老师多听各年级其他教师的课。每位教师的课杨老师都听过，并且每位教师都有闪光点。向她们积极学习，也是杨老师专业提升的一个重要途径。

不仅如此，陈老师还积极联系校外的教师，为杨老师争取听课机会。除了区进修外，杨老师曾到北京景山学校、中国人民大学附属中学朝阳分校听课。这些经历都使她获益匪浅。的确，年轻人应当走出去，看看好的教学设计，听听前沿的思路，不要总禁锢在一个地方，要跟得上形势。杨老师相信，面临新中考改革，对年轻人来说是挑战，也是机会。

师徒结对这项举措对于像杨老师这样的青年教师来说，是心理上的一种期待和寄托。几年前，从学生到教师，这一身份的转变使杨老师在心理上感觉有些不适应。加上她并非科班出身，教育教学上都未曾接受过系统的培训，仅凭一腔热血很难获得自己满意的成绩。对于这份工作，杨老师不禁感到有些茫然。

在杨老师感到茫然之时，陈老师首先在心理上给予她莫大的支持，总是给予其鼓励和肯定。对于班级事务，陈老师也给了她很多具体的建议。第一次学生给班主任评价，杨老师的成绩并不好。自己付出太多但仍得不到肯定的那种失落，让杨老师很难过。陈老师仔细询问缘由后，便耐心开导，告诉她不要急于求成。在和家长沟通的过程中，陈老师仍然提醒她注意说话的语气、方式，并且也要学会保护自己。细微之中，杨老师能感受到陈老师对自己的关爱。正是这一句句鼓励与叮咛汇聚成一股力量，充斥着杨老师的内心。

在杨老师的成长之路上，陈老师一直为她保驾护航。杨老师的班级管理较为顺利，专业发展也逐渐走向正途。杨老师在教育的道路上一路收获芬芳。陈老师在忐忑之际给她安慰，在迷茫之际给她鼓励，在工作紧要关键处给她指引。这正是新教师所需要的。陈老师教给杨老师的不仅是教学技巧，还是作为教育工作者应当秉承的理念：怀有爱人之心、精进之心、坚持之心、放眼高处的雄心。

（三）种下一颗科学的种子

新都校区非常重视科技与创新，注重引领学生成长，用科技点亮学生的梦想，发展学生的兴趣和特长，引领学生对未来的思考，让学生树立学业目标，为未来发展打下基础。在吴雄飞老师的指导下，新都校区设立了计算机社团、机器人社团、海洋科技社团等。学生在各项赛事中屡创佳绩，先后荣获业余电台初中组冠军、亚洲区机器人比赛一等奖。海洋科技社团组建以来，学生多次参加北京市海模比赛，屡次获得一、二等奖。

从零开始成长的机器人社团

机器人社团以培养学生的创新精神与创新能力为指导，立足新都校区的实际情况，努力创设更好的学习与活动条件，开设丰富多样的机器人教育教学课程，通过多种途径拓展学生的科技视野，提高学生的科技素养。图3-28为机器人社团活动。

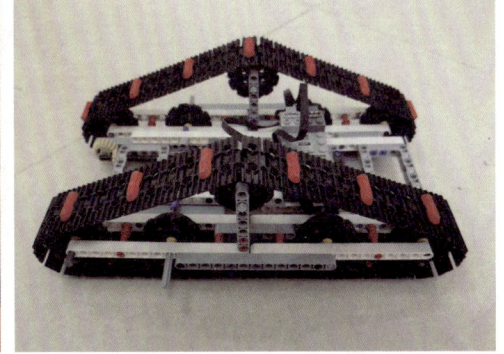

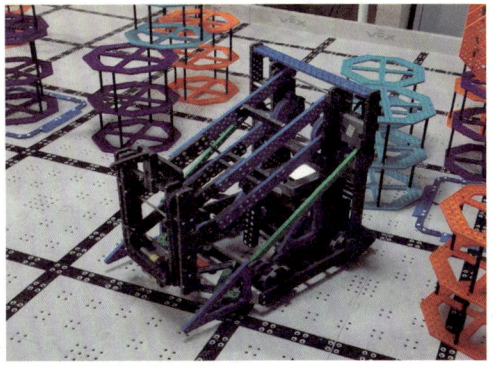

图3-28 机器人社团活动

"我这里有三套乐高器材，需要的话你先拿去用。""好的，谢谢您，周老师！"一切都是从这段简单的对话开始的。这三套乐高器材就是新都校区机器人社团最初的"家底"。

器材有了，活动教室却还没准备好。由于机器人教学的特点，活动教室必须有网络、电源插座、活动场地以便设备的检测和调试。于是，一间地上满是尘土纸屑的准备室就成了唯一的选择。清扫出两大袋垃圾，又搬来几张课桌作为操作台，再加上几把椅子后，就这样新都校区有了自己的机器人活动室。

望着这样的活动室，不禁令人担忧：会有学生来吗？一周之后，终于有学生来活动室参观了。随后的几天不断有学生在中午或者下午放学前来参观：能够自动躲避障碍物的机器人让他们赞叹不已，能够识别红绿灯的小车让他们感到惊奇，"不倒翁娃娃"让他们开怀大笑……"老师，我们几个想报名加入机器人社团"这一句普普通通的话，却成为机器人社团正式成立的第一声宣言。就这样，新都校区机器人社团有了第一批学生，社团也宣告正式成立。

在分析现实情况后，机器人社团确定了三步走的发展规划。首先，社团的活动要形成完整的规章制度。学生要掌握基本的基础知识和操作技能，利用一学期的时间达到参赛水平。其次，社团要积累活动经验，形成完整的队员选拔、训练、淘汰机制。这样才能保证各项活动有序开展。学生有事做，学生能做事，才能在参加的各项比赛中拿到名次。最后，社团要有自己的优势项目。

有了计划和目标，接下来就是确定如何实现。每一个安静的午休，每一个放学的傍晚，在活动室里都能见到学生和教师忙碌的身影。"老师,小车怎么走歪了？""老师，微波雷达没起作用！"学生遇到一个个问题，又一个个解决。慢慢地，他们已经能熟练编程，能够按照自己的想法去设计新的结构和程序。终于，在2019年海淀区创客大赛中，参赛队员获得EV3项目的第二名。成绩来之不易，这是零的突破。

有了零的突破，社团师生更加有信心了。在经过认真的项目对比之后，社团选择了VEX项目作为主要活动内容。同时，在领导的关心下，社团采购了新的活动设备和训练器材。同时，社团还迎来了新鲜血液的加入。新都校区机器人社团得以进一步发展壮大。

功夫不负有心人，在 2019 年的两次全国性大赛中，新都校区机器人社团获得了第十届亚洲机器人锦标赛北方赛区二等奖和全国三等奖。图 3-29 为机器人社团参加竞赛活动。

图 3-29 机器人社团参加竞赛活动

昨日已去，未来可期。昨天的成绩只代表过去，美好的未来仍需努力拼搏。带着学校领导和教师的关怀与鼓励，新都校区机器人社团一定会不忘初心、牢记使命，更加努力拼搏，创造美好未来！

我们心中都有一片海洋

航海模型运动是一项科技体育项目，注重技能运用，是新都校区科技教育的重要实施手段。在这项运动中，学生通过自己的探索和发现获得学习成果。在培养学生的个性、促进学生对知识的融会贯通等方面，这项运动具有学科课程无法比拟的优势；在促进学生快乐成长、提高学生的科学素养等方面，这项运动发挥重要作用；这项运动对青少年形成热爱航海、献身科学、献身国防事业的崇高志向起到了良好的引导作用。

新都校区在闫校长的支持和指导下，于2019年9月开始组建航海模型社团。从最初的8人发展到近20人的社团，航海模型社团在学生中逐渐扩大了影响，有越来越多的学生加入。社团活动地点为专用活动教室，活动时间为每周五16：10—18：00。从制作简单的航海模型入手，到学生能按照图纸制作出复杂、精美的模型，学生的钻研能力、动手能力、严谨的科学精神等方面都得到培养，爱国主义精神、科技强国的雄心得到熏陶和升华。每名学生都立志献身祖国的科技事业，为国家的发展奉献青春和力量。

"我爱祖国海疆"教育活动受到学生的广泛喜爱，大家积极参与。在活动中，学生既学习了我国的航海历史，为我国曾经的辉煌而自豪，又了解了当今我国航海事业的强盛，激发了献身祖国科技事业、为国家的建设做贡献的豪情。活动内容既有追求精美的模型制作，又有追求速度或技巧的比赛；既有个人个性的完美展示，又有团队合作的协同需要。可以说，航海模型社团活动展现出的魅力吸引着参与其中的每一名学生。每周五下午的活动时间，也是学生感到愉快的时间。

意志品质的锻炼是学生的一笔宝贵财富。一个舰船模型的零部件少则几百个，多则上千个。把这些零部件组装成一个精美的作品，需要学生先看懂图纸，厘清组装顺序，头脑中有一个完整的模型，才能动手组装。各种工具的正确使用、物品的摆放、安装过程中的操作方法等，对于学生来说是一个综合的考验和锻炼。一个小小的零件，如果不小心掉落在地上，可能需要十几分钟甚至半小时的时间去搜寻。一个作品的制作往往需要几小时甚至更多的时间。没有足够的耐心，没有清醒的头脑，没有征服的勇气，是不会制作出一件完美的模型作品的。这一切恰好是对学生优秀品质的磨练。风雨过后，才有彩虹；努力之后，才有收获。

2019年11月，海洋模型社团参加了在北京市海洋意识教育年主题系列活动。在航海模型制作赛中，星宇同学获北京市一等奖，圣为和言子同学获北京市二等奖；在创意模型航线赛中，轩毅同学获北京市三等奖。醒目的奖状、学生脸上的笑容，都在宣示着活动带给他们的自信、成熟和心中铸就的理想。

2020年12月，航海模型社团参加了第十二届北京市体育大会北京市青少年航海模型竞赛。思杨同学获得北京市一等奖，言子等5名同学获得北京市二等奖，小朗等7名同学获得北京市三等奖。

辛勤的汗水、执着的付出、精益求精的追求，培养了学生优秀的品质；民族的自信、祖国强盛的自豪感，激发了学生的爱国热情。航海模型社团学生的心中自有一片宽阔的海洋。宽广的胸怀正是中国少年应该具备的，祖国美好的未来一定有他们贡献的一份力量。

（四）体育——新都校区的一张名片

新都校区的体育颇有特色。新都校区设立了排舞社。该社团在王家琦老师的指导下，先后多次参加北京市排舞比赛，连续三年获得各项目的北京市特等奖、一等奖。几位有体育特长的学生参加全市及全国比赛均获得优异成绩。

从2018年的夏天开始，舞蹈教室忽然变得热闹起来。放学时分，途径舞蹈教室的学生和教师都能听见从舞蹈教室里传出来的动感音乐。这是新都校区新成立的排舞社正在紧锣密鼓地为参加北京市排舞联赛进行排练，也是新都校区成立的第一个舞蹈社团。参加训练的共有8名学生，其中4名学生没有舞蹈基础，凭借着一腔热血就参与进来，所以训练难度较大。在训练过程中，小学就是舞蹈担当的梁梦妍和尤婧娴同学记动作较快，经常主动利用休息时间辅助其他同学练习。在比赛的前一周，依晨同学对王老师说："老师，我不想参加比赛了。我总做不好，还连累其他同学。我怕影响大家的成绩。"王老师对依晨说:"没关系,你本来就没有舞蹈基础,练成这样已经很不错了。不要着急,咱们慢慢来。还有一周时间,大家都能看到你有多努力。大家也在用心帮助你。如果你退出,才是真的辜负了大家。试着调整心态,相信你可以。"在教师和同学的鼓励下,依晨重拾信心,坚持练习,将编排好的比赛动作在舞蹈教室里一遍又一遍地演练。"表现力、注意排面、手臂伸直……"王老师提示性的语言在舞蹈教室里回荡。终于,通过努力,排舞社的学生取得了北京市排舞联赛中学生乙组串烧项目一等奖的好成绩。

又是新的一年,排舞社迎来了新成员。为参加2019年北京市排舞联赛,排舞社又开始了紧张的练习。舞蹈教室因为学校的安排被占用,报告厅成了舞蹈社的训练基地。但报告厅经常有各种活动,因此田径场、篮球场也成了排舞社的训练场地。站在哪里,哪里就是排舞社的舞台。10月,北京市排舞联赛如期而至,排舞社学生以整齐划一的动作和饱满的热情赢得了观众的热烈掌声。但比赛结束后,来晞曼同学哭了,因为她在比赛中摔倒了。在比赛过程中,有一个队形的走位幅度较大,她不小心摔倒了。她的心惊了一下,立马站起来继续比赛,脸上依然保持着自信的笑容,动作比平时训练时更加标准,直至完成比赛。这一刻她终于绷不住了,自责、伤心一拥而上。同学围着她暖心地安慰着:"没事,别哭了。""没关系,比赛结束了。而且你刚才处理得很好,摔倒后没有惊慌失措,依然保持很好的比赛状态。大家都觉得你表现得很好。"王老师说道:"是啊,要是换了我一定连动作都做不好……"在同学的安慰声中,来晞曼同学终于露出了微笑。

现在排舞已经成为新都校区的一个特色项目。2019年,新都校区被评为全国阳光排舞进校园示范校。新都校区又开设了排舞选修课,排舞也成为课间操项目。排舞不仅丰富了学生的课余生活,营造了良好的艺术氛围,还锻炼了学生的能力,增强了学生的自信,从而让学生在训练中塑造更优秀的自己。

(五)插上艺术的翅膀

新都校区以促进学生全面自信而有个性地发展为目标,为学生搭建成长的平台。

学生积极展示和发挥特长，充分展现自身的个性。新都校区的艺术组参加各项比赛，连续获得多个奖项。其中微电影放飞梦想社团参加海淀区微电影节获得一等奖。新都校区也被评为微电影示范学校。

有人说学生天生就是艺术家，他们在生活中的艺术表现比比皆是，只是我们缺少发现和欣赏的眼睛而已。艺术教师最大的乐趣和最多的工作就是发现学生身上的艺术天分，在艺术活动中让学生展现自己的艺术风采。

新都校区原来有一个很小的礼堂，舞台也非常小。如果跳舞的话，有6个人在舞台上就显得很拥挤。就是这样一个舞台，却是每年学生很期待去的一个地方，因为每年的元旦文艺汇演将在这里进行。这可是全校性的演出，能在台上"露一小脸"是很多学生的愿望。于是在每年12月，校园里到处可见学生排练节目的身影：楼道里、操场上、空教室、校园的一角，只要有空地的地方都被学生利用起来。到了文艺汇演那一天，无论是台上的演员还是台下的观众，都很激动。演出那天，所有的演员早早到校，进行化妆，换上演出服。平时看着普普通通的学生，稍微一化妆马上像换了一个人。演出开始了，民族舞、拉丁舞、相声、器乐、武术、歌舞、书法表演、魔术等节目丰富多彩。平时默默无闻的学生，说起相声来那么专业，跳起舞来那么动人，一首钢琴曲弹得那么潇洒……那一刻他们就是非常专业的演员，他们身上在闪闪发光！

近些年来，新都校区开展的艺术活动越来越多。这些活动受到学生的喜爱，学生的参与度也越来越高。在每年，新都校区会举办红五月歌咏比赛，让学生以班级为单位参赛。每到5月，教室里都会传来阵阵歌声。在比赛那天，各班都大显身手：有的班定制统一班服，有的班拿着创意横幅，有的班跳舞加朗诵，还有的班排练了特殊的队形……在活动中，班主任和学生精心策划，齐心协力。合唱比赛只是一种形式，但是活动中拉近了师生心与心的距离，也让教师看到了学生的艺术能力。

每年11月，新都校区会举办校园歌手大赛。会唱歌、爱唱歌的学生会在这个比赛中大显身手，用自己的歌声表达自我、展现自我，也让教师和同学看到了他们不一样的风采。

2020年，新都校区又举办了第一届器乐大赛。三个年级的学生都可以参加。比赛结果让人惊喜，真没想到学生中卧虎藏龙。有的学生的演奏完全达到专业演员的水准，还有学生的钢琴演奏出神入化。图3-30为学校艺术活动。

走在楼道里，经常会看见学生的美术作品，有国画、书法、线描，还有油画。这些作品都出自学生之手。这些爱画画的学生在美术教师的指导下，参加国家、北京市、海淀区的比赛并获得优异成绩。为了纪念这些曾经的美好，新都校区专门出版了画册《插上艺术的翅膀》。2016年12月，新都校区还在六角厅举办了一场小型师生画展。这些活动给学生提供了一个平台，让他们能展现自我的风采。

新都校区的古筝社团成立以来，排练了10多首合奏曲、重奏曲，在迎端午活动、元旦文艺汇演、接待德国友好校的活动中展现了新都学子的艺术素养。合唱团在迎中秋活动和元旦文艺汇演中都有精彩演出。国画社的小旭同学在2018年寒假参加国际交流活动，其作品被泰国中国文化中心收藏。书法社团每周六下午练习书法，近年来收获颇丰。每年的北京市"兰亭杯"书法比赛都有书法社团学生的作品获奖。微电影社团近几年连续在海淀区获得好成绩，还获得过国家级奖项。油画社的学生每年在海淀区艺术节中获得多个奖项……社团成就了一些学生，也希望这些学生能插上艺术的翅膀越飞越高。

听，花开的声音

又回到了开花的三月，听着窗外沙沙的凉风，一阵阵小雨送走王春婷老师在这里的喜怒哀乐。学生一天天长大，如那园圃里的花朵生长。此时此刻，王老师如此敬畏自己的工作。

作为一名已经工作多年的普通中学美术教师，王老师回忆起往昔，当谈到工作时，千言万语涌上舌尖，却不知从何说起。王老师曾经问学生一个问题："美是什么？艺术又是什么？不用马上告诉我答案，如果你想好了再告诉我。"学生的答案五花八门，其实这个问题本没有标准答案。有的学生七年级时说美是微笑的脸，八年级又说美是绝代风华。此一时彼一时，美到底是什么？艺术又是什么呢？王老师很想和大家分享几个自己教学生涯里的小故事。

第三章 变革为纲，在求变中谋发展

图 3-30 学校艺术活动

183

在教授七年级和八年级的美术课程的那个学期，在刚上课的时候，王老师发现一个女孩有点羞涩，总是低着头默默地坐在位子上。她有一双美丽的大眼睛，扬起头认真看着他人时会闪着亮光。她总是认真地完成教师布置的任务，一点也不懈怠。但是一节课的时间下来，她还不如其他学生花10分钟所完成的多。王老师有些着急，尽量挤时间单独辅导她，但王老师和她的沟通总是会遇到一些障碍。王老师尝试过不同的方法，暗暗在想是不是这个女孩不适合画画。日子如流水逝去，她在努力，王老师也在努力着。当课程学习过了一个半学期之后，有天王老师在课堂上表扬了她一贯的坚持和努力，也表扬了她现在取得的成绩。她露出了浅浅的笑容，有那么一瞬间眼睛像弯弯的月牙。画得好与不好，基础的扎实与薄弱其实是一件容易判断的事情，但学习画画是为了什么呢？画画也许不会在将来带给大部分学生实质的谋生技能，但会帮助他们懂得尊重、懂得敬畏，从而成为更优秀的自己。

在油画社招新的时候，王老师的社团迎来了一名基本功扎实、聪明、努力、热爱画画的学生。王老师感到特别高兴，毕竟在生源一般的情况下，这种学生还是很难得的。不过后来王老师发现这名学生做事情不愿意付出。她愿意在她感兴趣的地方付出她的汗水和努力，但是在其他与自身利益无关的部分就不愿意付出。比如，当轮到她做值日的时候，她会找各种理由看能不能逃避。又如，学校有比赛任务，如果不是王老师让她用训练时间完成作品，她基本上课余时间不会动一笔。王老师告诉她：参加比赛是为了学校，并不只是为了个人……

王老师所教授的班级里还有这样一位学生。他不愿意学习，但是上课从来不捣乱。在七年级下半学期，由于春天到了，春暖花开，校园里的环境很美，杏花、桃花相映红，王老师就决定带学生在校园写生。学生都很兴奋，毕竟是外出学习。离开了传统课堂的约束，大家热情很高。王老师也很开心。在给学生单独辅导时，王老师发现这位学生很认真地画起画来。在别人寻找乘凉的地方时，他还在太阳底下自顾自的画着。王老师赶紧走了上去，看看他画的是什么。当时她就被他的画打动了：稚拙的笔触铺满了画面，坚实的笔法透着顽强与热爱。王老师问他："你喜欢画植物吗？"他说："嗯，我种了很多花，家里有竹子、蝴蝶兰……"校园写生一共用了 4 节课的时间，这位学生的作品很有特点，也很精彩。从画面一看就能发现热情的力量，这是王老师画画多年最想表达的感受。王老师肯定了他的作品，而且向所有同学表扬了他。后来他在王老师的课堂上一改往日沉默的态度，上课积极发言，努力学习起来。王老师感到这就是艺术的力量，同一个标准并不一定适合每一个人，精神的作用在不经意间就改变了你我。

每一个人都有自己对艺术、对美的定义。王老师曾经对学生说，艺术承载着人类所能及之事，可以超越人类本身成为更伟大的存在。然而在工作几年之后，王老师意识到，一名初、高中艺术教师的工作，很多时候是琐碎和无序的；然而这些看似渺小的事情里却承载着美的传递和领悟，能使学生理解和感受到美。艺术和美让生命更充盈、更饱满。中国科学院副院长丁仲礼院士谈道，地球不需要解救，人类解救的只是人类自己。我们最核心的问题取决于文化、文明，取决于人类在应对各种挑战的时候能不能有一种更有包容性文明的产生。王老师相信这里的文化、文明指的就是爱、尊重、敬畏、艺术以及美。帮助学生成为更优秀的自己，等待他们开出美丽的花朵，那么教师不也是在帮助他们自己，不也是在行践艺术之事吗？

在优势教育资源输出的大背景下，更多学生考入了名校，享受了优质的教育资源。随着教育集团的发展壮大，相信在不远的将来，在全体二十中人的共同努力下，新都校区将建设成海淀区东北部教育的新高地，为区域居民提供满意而优质的教育资源，成为一所让老百姓满意的家门口的好学校，成为三区交界地一个"璀璨的教育明星"。

/附 录/

文化传承与实践创新
——北京市第二十中学的办学实践研讨会讲话

2021年是二十中学建校70周年。70年间,二十中学发生了沧海桑田般的变化:从清河一隅,发展成北京市最美的园林校园;从一间作坊办学,发展成海淀区北部的教育明珠。70年间,二十中学培养了5万多名优秀毕业生,为新中国的三大改造、改革开放、创新发展贡献了人才资源、智力支撑。几代二十中人拼搏进取,形成了自强精神、赶超精神和担当精神,铸造了二十中人艰苦奋斗、坚定求真、坚毅担当、开拓进取的伟大品格,探索形成了"脊梁教育"的育人理念。

1. 传承脊梁文化,赓续办学初心

(1)开启初心,为新中国的建设培育人才

1951年,为了让清河地区工农兵子弟能学知识、学文化,成为新中国的建设者,北京市政府创办了二十中学。

现实的困难考验着创办者的信念和能力。"没有条件,那就创造条件。"第一任校长张省三说。租用的清河镇上一间酿酒作坊,经简单布置后就变成了学校。

学校条件虽然艰苦,但学生的学习热情十分高涨。于是一室多用,白天是教室,中午是食堂,晚上是宿舍,开会时又成了礼堂。多数教师平时只能住在学校,周末再回城里的家。但教师勤勤恳恳、无怨无悔的奉献精神诠释着教育工作者的忠诚与担当。1952年,新校舍建成,办学规模快速扩大。

1960年,在清河小营增建了新校舍。雄伟的三层大楼是用当年建造人民大会堂等的余料修建而成的。从此学校就成为清河地区的"最高学府"。

(2)立场坚定,始终把准办学的政治方向

"文化大革命"期间是学校历经磨难和考验的时期。学生、教师大量流失,办学条件被严重破坏。第二任校长郭德魁带领教师坚守教育的基本底线和原则,以对学生高度负责的态度，使学校在"文化大革命"中艰难地走了过来。

学校师生走向社会，大力开展劳动教育。学生在"三夏""三秋"到远郊农村参加劳动，平时到附近生产队、苗圃帮工。生产队则帮助学校修建了运动场，苗圃帮助学校搞绿化。现在，校园中杨树、柳树大都是那时种下的。

在这个时期，学校深刻地认识到价值观教育的重要性。学校向区委组织部提出了在中学生中发展党员的建议。这一建议得到了区委组织部和教育部门的大力支持，学校成为较早的试点之一。时至今日，学校的中学生党校接续开办，不曾间断。

虽然"文化大革命"严重冲击了学校的教育秩序，但二十中人"吞折齿,捧丹心,默向红旗祭"，用一种大无畏的奉献和牺牲精神坚守着这片教育净土。

（3）勇担责任，建设百姓家门口的好学校

"文化大革命"结束后，学校的校舍多年没有维修，办学条件简陋，教师数量严重不足。面对困难的局面，第三任校长马成营郑重承诺："我愿意把一辈子都撂在这里，一定给清河老百姓交出一所好学校！"

在马校长的感召下，教师热情投入。周边单位也鼎力相助。砖瓦厂免费送给学校砖头瓦块，帮助学校修葺围墙；驻区部队官兵义务到学校修整校舍和操场。经过多年建设，环境大大改善，园林校园的格局基本形成。

马校长非常重视学生的思想政治教育，把爱党、爱国、爱社会主义作为校风建设的核心。他重视养成教育，构建了以"五鞠躬、五起立""轻声右行、双手递接"为主要内容的养成教育课程；提出了"三原则""四字方针""五育人"的德育工作模式,构建了全员德育、全程德育的育人体系。马校长提出的"德育为首、全面发展、办有特色、争创一流"的办学理念，至今仍然深刻地影响着学校的发展。学校先后荣获全国贯彻体育条例先进单位、全国校园环境建设先进校、首都德育工作先进集体、北京市示范高中，实现了从"落后"到"示范"的跨越。

（4）继往开来，为幸福人生奠定底色

2006年，我接过马校长的接力棒，在传承"德育为首、全面发展、办有特色、争创一流"的办学理念时，进一步认识到唯有正确地理解教育与社会发展、人的发展的关系，才能真正实现教育的功能与价值。

青春时代奠定了一个人的人生底色，决定了一个人的人生格局。"扬五彩青春，做中国脊梁"，是学校70多年来积淀形成的教育智慧，是新时期二十中人对为谁培养人、培养什么人、怎样培养人的思考与行动。

"扬五彩青春"是要尊重个性、因材施教。每一个学生都是独特的、灵动的生命个体。教育要给予学生充分的理解和关怀，通过让学生拥有五彩斑斓、健康充实的青春时代，不断地给予学生希望和鼓励，给予学生实现自我的信心与动力。

"做中国脊梁"是赋予学生使命与责任。"脊梁教育"的本质就是为党和国家培养社会主义事业的建设者和接班人。"脊梁教育"既尊重学生个人的志向追求，又把这种追求与时代脉搏、国家命运紧密相连。在实现"中国梦"的奋斗中成就事业华章，这样的人生一定是幸福的！习近平同志强调在加快推进教育现代化的新征程中培养担当民族复兴大任的时代新人。"脊梁教育"正是对习近平同志培养时代新人要求的具体实践。

2. 变革育人方式，探索管理创新

随着时代的发展，如何培养适应社会发展需要和面向未来的人，成为学校教育新的课题。

一方面，学校自身存在教育内容与形式割裂、知识与能力脱节、教学与教育脱节等问题。另一方面，社会也进入了一个更加开放、创新的发展阶段。因此，唯有通过变革，学校才能更好地适应时代的要求、满足人的发展需要，为党和国家培养面向未来的创新型人才。

（1）变革组织结构

调整组织结构是组织变革的有效杠杆。以前学校的组织管理结构是科层制结构。这种组织结构对应上级部门的机构设置，其背后的逻辑是按照业务设置部门，有利于条块管理，表现为"以事为中心"。随着教育的发展，其运行中的一些不足逐渐显露出来。比如，德育与教学割裂，不同年龄学生的发展差异不能得到充分重视。另外，校本培训缺乏针对性、实效性，不能满足不同发展阶段教师的多样化和个性

化的研修需求。

带着这些问题，2011年我们开始对学校的组织结构进行调整，成立了三大中心，即学生发展中心、教师发展中心、课程与教学中心，让部门工作的目标都指向"人"。为了进一步促进部门职能融合、重心下沉，提高服务的精准性和实效性，我们分别成立了初中部、高中部。

为了促进特色校本课程的开发与实施，我们先后成立了艺术中心、体育卫生中心、信息中心；为了给教育教学提供坚强保证，围绕场地保障、设备维修、住宿就餐、安全保卫等工作任务，我们成立了后勤服务中心。

通过组织结构的变革，学校减小了管理的跨度，形成了混合型管理团队。管理直接对接服务对象——教师和学生，管理干部的协调力、合作力得到了提升。组织结构的变革也促进了工作理念的转变。部门实现了从"做事"到"育人"的转型以及从"任务驱动"到"目标驱动"的转变，提高了学校的运转效能。另外，组织结构的变革对教育教学工作也起到了极大的促进作用。

（2）重塑校园环境

校园环境是育人理念的固态的、物质的表达，甚至是教育本身。陶行知指出，天然环境和人格陶冶有很密切的关系。学校非常注重发挥环境的育人作用。

学校在重建、改建、扩建的过程中，坚持从学生的需要出发，为学生的学习、生活服务。树荫下增设了座椅、凉棚，甬道旁修建了廊亭，运动场降低了看台高度；图书馆、教学楼采用重檐、漆画、廊柱、琉璃瓦等中国古典建筑元素装点，与尊师亭、校友亭、长廊互为映衬，散发着浓浓的传统文化的韵味，彰显着中国建筑天人合一、人与自然和谐共生的理念。

校园三季有花，四季有绿。春季槐花满园飘香，夏季丁香沁人心脾，秋季海棠、柿子、石榴挂满枝头，蕴含着独特的教育功能。校园成了学生心中的乐园。学生在这里学习和生活，不仅得到美的享受，还获得了精神的抚慰。

"让每一块墙壁、每一个角落都能说话。"楼道内的班级文化展示壁报，餐厅里的美术作品展览，苍松、翠柏下的雷锋、李大钊、马永顺塑像和校训碑、中国脊梁群雕等，发挥着于无声处育心灵的教育作用。电子阅览角、自助打印机、爱心水站、免费卫生用品等，服务学生、方便学生，让学生在互动中相互影响、自我教育。

（3）建设五彩课程

2007年，新课程改革开始，我们就一直在探索构建一套"符合国家要求，彰显学校特色，满足学生个性发展需要"的校本课程体系。经过多年的探索，学校构建了基于校情和办学目标的五彩课程体系，即3L5F课程体系。3L是指课程的三个层级，包括共同基础类、拓展应用类和创新发展类；5F是从课程内容上划分出的五大领域，包括品德与修为领域、人文与社会领域、科学与技术领域、身心与健康领域、艺术与审美领域。每个领域都有对应的学科群或主题群，以实现学生的全面发展。

第一，调整课程进程和评价方式。针对学校的学生基础，教师采取了降低起点、放缓进度、改进评价等措施，有效实施共同基础类课程，夯实学生的基础。针对学有余力的学生，教师编写了配套练习册、课堂学案、专题讲义等，发展学生的思维与能力。针对初、高中毕业年级课程内容庞杂的特点，学校对复习内容进行整合重组，形成了全学科的校本学材，既提高了复习效果，也锻炼和提高了教师的课程领导力。

学校还改进了评价方式：从激将性评价变成鼓励性评价；从结果性评价为主到更关注过程性评价，并且多方向探索增值性评价。在实施中，教师减轻了挫败感，逐渐形成了新的成就感，学生观、人才观有了明显转变，对育人有了更深刻的理解，提升了教育情怀。

第二，探索学科主题式整合。围绕"让每个学生至少学习掌握一项艺术特长"，学校对艺术课程内容进行了重新组合，开发了22门课程，横跨音乐、美术、舞蹈、戏剧、新媒体五大类。艺术课程内容丰富，形式活跃，注重实践，深受学生欢迎。

围绕信息科技，学校设计了多层次的科技选修课程，包括智能家居设计、几何机器人、火星车设计、数据与数据结构、网络基础、机器人工程、无人机、图像识别、3D打印等，形成了以信息技术为特色的人工智能课程体系。作为"英才计划"基地、

"翱翔计划"基地、"后备人才早期培养计划"基地，学校还确定了专门的课程方案和课程内容。

学校发挥地缘优势，与周边的高校、中关村科技园区、东升科技园等开展深度合作，建设了科技教育协作体，组织学生进行课程实践、参观考察，引导学生把知识学习与生产生活实践相结合。

第三，组建多样化的兴趣社团。为了发展学生的特长，体育卫生中心组建了田径队、足球队、冰球队、羽毛球队、健美操队。田径队是北京市奥林匹克体育后备人才培养计划成员，培育了大批优秀体育人才，已经连续多届获得海淀区中小学田径运动会团体总分第一名。艺术中心组建了"三团两社"。中秋音乐会、管乐节、戏剧节、书画展等活动为学生搭建了展示艺术才华的舞台。元旦文艺汇演被学生称为"春晚"，更是学生的"梦想舞台"。科技中心组建了智能航行社团、头脑OM社团、天文观测社团、无线电定向越野社团、生物组培社团、业余电台社团、单片机编程社团、电脑绘画社团、智能机器人社团、创客技术社团等。学生的创新精神和实践能力得到提升。

（4）变革教学方式

在新的课程改革中，有些教师创设学习情境、设计学习活动，但却抓不住目标、找不准方向。针对这种情况，我们提出了"把学习目标亮出来"的倡议，让教师围绕学习目标选择情境，根据学习目标设计活动，使教学效果得到明显提高。

随着中高考改革，我们发现学生能力不足的短板越发明显。于是，我们提出了"先做后讲，以能力提升促基础落实"的教学策略。这些教学策略有效地改变了课堂面貌，使学生学习的主动性增强了，教学质量也显著提升了。

（5）建设智慧校园

我们将信息化建设作为推动学校变革的支撑力量。目前，学校建成了由一个平台、八大应用系统组成的数字校园系统。一个平台是指将所有的用户和数据集成到一个兼容、开放、统一的软硬件系统中。这个平台现在运行着60多个具体的应用模块，实现了数据的互联互通。八大应用系统为校园生活提供着高效、便捷的数字化服务。

智慧校园将智能结构测评系统、性格特征测评系统与职业能力综合测评系统、成绩分析系统、选课指导系统、学习过程记录系统、德育管理系统中的数据进行整合，为学生提供"数字画像"，帮助学生认识自己，规划未来。在过程性数据采集上，学校还开发了学业成长记录系统和高度个性化的学业报告系统，对学生的学业成绩进行个性化分析，形成了个性化的成绩单。

3. 服务师生发展，回归教育本质

刚做校长时，工作的重点大都聚焦在问题上。校长需要围绕教师管理、教育活动、课堂教学和后勤服务等方面存在的问题，按照轻重缓急制订计划、调配资源。这个时期的校长，是一个问题解决者，通过满足需求来推动工作、发展学校。

随着学校稳定有序的运行，如何有效地实现学校的育人目标成为校长的新的工作重点。习近平同志指出，坚守为党育人、为国育才，把立德树人融入思想道德教育、文化知识教育、社会实践教育各环节。学校应按照中国特色社会主义教育的理论来改进实践，丰富教育内容、转变育人方式、改进教学方法，实现育人质量的稳步提高。在这个时期，校长是实现学校变革的推手。

教育是以人育人的事业。在学生和家长的眼中，教师就是学校。所以，教师的需要就是校长的责任。现在做校长，就是要当好师生的"服务员"，为学生发展服务，为教师专业成长服务。

（1）为学生发展注入新动能

学校教育更重要的是激发学生的自我意识，提高学生的自我教育和自主发展能力。随着社会的发展，我们必须将学生的"发展动能"由过去的外因驱动（学习改变命运），转变为内因驱动（自我实现）。因此，我们构建了以系统论为指导的学生发展指导体系，即一个理念、二个结合、三个原则、四类课程、五大指导。

一个理念是学生发展指导立足于学生的人生幸福，"规划成就幸福人生"；二个结合是教育学生把报效祖国与实现个人理想相结合，把自身的能力特点与兴趣爱好相结合；三个原则是全面发展与个性发展相结合原则、课堂学习与课外实践相结合

原则、主导作用与主体地位相结合原则；四类课程是学科课程、社团课程、社会实践课程和生涯规划课程；五大指导是基于学生德智体美劳全面发展和核心素养提升的需要，着力开展品德指导、学业指导、心理指导、生活指导和生涯指导。

学校组织骨干教师编制了《学生发展指导学科融入指导意见》，由原来的班会主阵地转向课堂主渠道，提高了教师开展学生生涯规划的意识、责任感以及指导能力。新高考实行以来，学生填报志愿非常顺利。我们的学生发展指导课程方案被评为北京市课程建设成果一等奖、教育部教学创新成果二等奖。

（2）为教师发展做好引领

我们要把建设一支政治素质过硬、业务能力精湛、育人水平高超的高素质教师队伍作为教育的基础性工作。

第一，用党建引领师德师风建设。我们要坚持把提升教师的思想政治素质和职业道德水平摆在首要位置。我们组织教师深入学习习近平新时代中国特色社会主义思想，引领教师树立正确的理想信念。在每年的教师节，我们都举行隆重的教师宣誓仪式，强化教师为党育人、为国育才的思想观念。每年新教师登上讲台的第一天，都要到学校的尊师阁向老一辈教育工作者致敬，学习他们的忠诚、担当的伟大品格。

学校重视基层党组织建设，将党支部建在年级。年级主任、教研室主任等骨干教师担任支部委员，让党组织成为各个年级开展教育工作的核心力量。对于年级的重点工作、主要工作，党支部都会研究如何发挥思想政治工作、价值观教育的引领作用。学校各项改革党员都先行先试，发挥榜样带动作用。

我们积极营造"德福一致"的师德文化，倡导教师把育人和修身结合起来，把个人发展与教育事业需要结合起来，营造"爱生、善教、勤学、笃行"的教风。

第二，构建教师发展共同体。我们把校本培训作为提升教师专业素养的关键抓手。根据不同群体、不同发展阶段教师的需求，我们建立了教师队伍建设三大工程，即针对初入职教师的"启航工程"，针对已经初露头角的青年教师的"青蓝工程"和针对骨干教师的"名师工程"。学员培养实行"双岗制"："青蓝工程"学员是"启航工程"学员的导师，"名师工程"学员是"青蓝工程"学员的导师，特级教师、正高级教师、市级骨干教师是"名师工程"学员的指导教师。研训方式采用结对子互助学习。同时，每学期都会确定有针对性的研训主题，定期组织教师进行组内分享交流，彼此借鉴，互助成长。

第三，提升教师的研究能力。学校建立"问题即课题，备课即研究"的校本科研模式，提升教师的学术素养。学校倡导教师每年都进行一个"微课题"研究，用研究的视角与方式来推进工作、改进教学，以便替代经验积累式的工作模式。

围绕研究主题，学校各部门还定期开展教学论坛、骨干教师研究课、课堂开放月等活动，为教师搭建展示与交流的平台。"输出即输入"，分享交流会进一步激发教师的学习热情，更会提高教师的思想认识，转变教师的教育观念。

近年来，学校的市区级课题立项66个，多项研究获得市区课程建设成果一等奖。市级骨干教师数量增加，10个学科成为学科教研基地。在"十四五"的第一年，申报的课题已经达到了34个。

我从事校长工作已有10多年的时间，从起初的"无知无畏"发展到现在体会更多的是"敬畏与责任"。特别是在教育的引领与支撑作用越发凸显的当下，我更感觉到一个校长的责任重大。我将继续传承二十中人自强不息、担当有为的坚毅品格，凝心聚力、拼搏进取，为把学校建设成"首都一流、人民满意"的示范学校做出新的贡献。

专家点评

钟秉林（教授、北京师范大学原校长）：

这是我参加的第二场关于中学校长办学实践的研讨会。几年前，我曾经参加了西城区组织的一场办学思想研讨会。当时去的是我的母校北京市第四中学，由刘长明校长做的演讲。现在又来参加我们的北京师范大学校友陈校长的这场办学实践研讨会。我觉得印象非常深刻，也非常受感动。

一个学生在小学、中学阶段养成的学习兴趣、学习方法，养成的基本素质，打牢的知识基础，对于他们进入大学之后的深造以及今后走上社会成长、成才，都具有非常重要的、基础性的作用。校长和教师在教学工作和育人过程当中艰辛地探索、努力地实践，做出了非常大的奉献。我想从这个角度来讲，我们的社会、学生和家长，对中小学的校长和教师应该是充满了感恩之情的。利用这个机会，我应该向在座的各位校长、教师表示敬意，大家非常辛苦。

中国的教育发展已经进入了全面普及阶段。到2020年年底，学前三年教育、义务教育、高中教育、高等教育基本上进入了全面普及的阶段。因此"十四五"期间提出了建设高质量教育体系这样一个战略任务。要办成一所好的学校，一方面应满足老百姓接受优质教育的迫切需求，另一方面也应满足国家培养拔尖创新人才的需求。

要做好这两件事情，从刚才陈校长的报告当中，我们发现德育和课程改革都充分地说明了一些非常具有普遍性的道理。

第一，办一所好的学校，发展高质量教育，必须有先进的教育思想和办学理念，必须有厚重的文化传承。我刚才看陈校长介绍的二十中学的脊梁文化就非常有启发。

第二，办一所好的学校，发展高质量教育，要能够深化人才培养模式改革，深化课程改革，改革学生和教师的评价体系，改革教学方式和学习方式。在这个方面，二十中学做了非常好的探索。

我们应利用初高中教育，尤其是三年的高中教育，把相当一批学生培养成优秀的高中毕业生，让他们进入大学深造。如果从现在的增值评价理念来讲，就是说我们不仅关注一所学校、一位教师、一个学生的发展情况和周边横向的比较，还应关注一所学校、一位教师、一个学生纵向的进步程度的评价。从这个角度来讲，我认为二十中学做出的贡献非常显著。

第三，办一所好的学校，发展高质量教育，一定要有一个精良的教师队伍。在这个方面，二十中学也做了非常好的探索。二十中学的教师在海淀区的发展数据，确实让人印象深刻。这是一支精良的师资队伍在保证学校将来能获得更高水平、可持续的发展。

第四，办一所好的学校，发展高质量教育，还要注重管理体制机制创新。我们如何优化学校内部的治理结构，如何不断提高学校治理的能力，对于学校的可持续发展是一个制度性的保证。在这个方面，我认为二十中学也做了非常好的尝试。

最后祝二十中学在今后的发展当中能够取得更新、更好的成绩。

杨志成（教授、首都师范大学副校长）：

现在来这里参加陈校长的办学实践研讨会，我感到特别高兴。我跟陈校长有着20年的缘分。20年来，我们共同交流，共同探索教育的发展。现在看到陈校长在二十中学办学实践中取得这样的成就，我为他高兴，也为他自豪。

20年来，我也是看着陈校长一步一步地带领这所学校不断地发展，使这所学校在原有的基础上发展成一所引领北京市基础教育发展的示范性学校。我在参加研讨会的时候发自内心的感动。我想了想这种感动主要来自4个关键词：传承、发展、脊梁和青春。

传承和发展是陈校长自身的一种品质，也是二十中学内在的一种特质。通过研讨会，我们真正地感受到了这种品质和这种特质的闪光点；在传承中我们感受到了这种尊重和敬畏。陈校长一直对二十中学的前几任老校长充满了尊重和敬畏。每一次来，他都和我介绍第一任校长、第二任校长、第三任校长，介绍他们怎样一步一步地把一所非常简陋的、北郊的平民学校发展到现在。他把老校长的精神转化为内心的一种敬畏，成为他不断前行的动力。这是让我感动的，这也是一种传承。二十中学的教师也好，学生也好，也正是在这种敬畏和尊敬中不断成长、不断发展。他们不忘初心，不忘来路，一直走到现在。

这种传承还体现在守正与定力上。陈校长始终坚守教育的本质，始终遵循教育的规律，始终以学生的发展为中心，始终坚持育人的基本规律去办学，不浮躁、不动摇、不跟风。这种守正与定力是所有成为教育家的教育者应该坚守和学习的。只有有了定力，有了坚守，我们才能一步一步地不断提升和发展。如果我们摇摆不定，过于功利，我们就把握不住教育的本质，我们的教育行为就会在不断的摇摆中找不到方向。所以二十中学有现在的发展，正是因为在传承中有了守正与定力。这是值得我们去学习借鉴的。

这种传承中体现了一种自信和信念。这种自信和信念来自对教育本质的透彻认识。第一任校长、第二任校长、第三任校长和陈校长都始终自信地把握着教育的本质，坚守为党育人、为国育才和为老百姓造福这个教育信念。也正是在这种坚守中，陈校长提出了脊梁教育的理念。脊梁教育理念的提出，不是一个偶然的现象，也不是一个应景的提法。

大概在几年前，我和陈校长交流的时候，他提出了脊梁教育的思想。我认为陈校长是经过深思熟虑的，这种深思熟虑来自他对教育本质的把握。这种把握更来自对这所学校的文化基因的传承。

这所学校从创建伊始就肩负着为国家、为民族培养栋梁之材的信念。我认为这是这所学校的文化基因所在，每一位校长都传承了这样的基因。我们把这种基因形象化、概念化，将其概括为脊梁教育。脊梁教育来自对青春的认识，来自对青春这种信念、理想意志的把握。

我们看到陈校长是站在70多年的基础上思考学校未来的发展，思考怎样去发展这所学校。这种发展让我们看到了一种精神，这种精神叫作脊梁精神。这是70多年形成的文化基因，需要不断地传承。这种发展让我们看到了一种思想，这种思想叫作脊梁教育的思想。我们从中看到了这所学校坚定的教育步伐、坚定的教育思想和理念。这种发展让我们看到了一种文化，这种文化叫脊梁文化。无论是在将军亭，还是在尊师亭，我们都感受到了这种脊梁文化。

我们从学生、教师的语言和行为中发现了这种脊梁文化。他们不服输，他们有对理想的追求，希望把这所学校建设成脊梁式的学校。

我们在这种发展中看到了一种行动，这种行动让我们感受到了脊梁教育体现的办学行为、办学制度、办学机制。这所学校里的每一个人都是学校发展的动力。同时，学校的课程、教学、活动等各个方面都是脊梁文化、脊梁教育在学校办学中的存在和实践。

现在国家正处于一个发展的关键期，我们需要这样一种脊梁的精神、脊梁的文化、脊梁的教育去奠定教育强国的基础。

建设教育强国需要有这样一批学校和校长。只有把脊梁这样一种精神和文化作为办学的追求才能为建设教育强国奠定基础。

我们要培养堪当民族复兴大任的时代新人，要培养有志气、有骨气、有底气的时代新人。我想这种志气、骨气和底气正是脊梁精神的所在。二十中学的脊梁教育为我们树立了这样的榜样。面向中华民族伟大复兴的战略全局，在世界百年未有之大变局的背景下，我们所有的教育人都应该有这样的担当。我们向二十中学致敬，向陈校长祝贺。

/ 后 记 /

脊梁教育，铸就美好人生

  美是一种形式，也是一种价值，更是一种生命的体验；美是生命的源泉，也是人生的最高境界。教育正是通过美的体验让人去认识生命的价值，去追寻美好的人生。

  我常常喜欢静静地观察这所学校发生的一切：在操场上一个个挥汗如雨、奋发拼搏踢球、打球的少年；上课时一双双好奇专注、闪耀着动人的光芒的眼睛；图书馆里一个个聚精会神咀嚼精神食粮的身影；课堂上一位位播洒智慧和努力耕耘的师者；放学时校门口那一声声亲切的"教师再见！"……这是多么美丽的画卷啊！它生意盎然，充满着诗情画意；它朝气蓬勃，孕育着无限的希冀。这也在时时感动着我，激励着我。

  我常常在憧憬此时此刻这些读书、写字、朗诵、验算、踢球、歌唱、跳舞的少年们在10年、20年后应该是什么样子。或许他们正在人民会堂里面谈治国理政；或许他们奋战在科研一线，为祖国的科技创新贡献着智慧与力量；或许他们在医院手术室里战斗，精心呵护着病人的生命；或许他们在三尺讲台上，像我一样在培育着下一代盎然生长的幼苗；或许他们正奔驰在绿茵场上，用拼搏的汗水为国争光；或许……那时，千千万万的二十中学少年在祖国大地上，在世界舞台上，用自己的青春和智慧，迎接新的使命，贡献新的力量。他们担当起时代赋予的使命和责任，他们是国家的脊梁。想到这些，我就倍感欣慰和激动。

  这些年我一直在思考：什么样的学校教育才是学生真正需要的？学校教育为学生的青春年华赋予了怎样的色彩？每次开学，从一双双家长和学生渴望的眼神中，我似乎明白了：每一个生命都是独一无二的，每一个学生都是社会的财富。社会需要各种各样的人才，努力找到适合每个学生的发展道路就是教育的使命。在学校里，每个学生都应当沐浴在明媚的阳光下自由地成长。通过学校的学习，他们不仅获得了知识与能力，还找到了实现生命意义的方向，最终在实现社会价值的同时也实现了个人理想。这样的人应该被称为脊梁。二十中学就应该做这样的脊梁教育：让每个学生把社会的进步与需要作为己任，勇于担当、善于作为，不惧风雨，堪当时代大任。

回首20多年的从教生涯，我时时殚精竭虑、如履薄冰，总感觉自己身负千钧重担。家长把学生交到我的手中，我要能担当起这份责任，对得起家长和社会的殷殷期盼。我很庆幸，正是因为有一批跟我共同奋斗、帮助我、激励我的同人，有一批相信我、支持我的家长，二十中学的教育才会有如今累累硕果、桃李芳菲的景象。不负韶光，不负初心。我会带领二十中学继续前进，相信在脊梁教育的引领下，每一个翩翩少年都会成长为真正的"脊梁"。

我希望学生走出二十中学的校园、走入社会的时候，脊梁教育仍然能够为他们指引航向，使他们无惧艰难困苦，用责任与担当去诠释生命的意义！

借此编撰《做脊梁教育，育时代新人——北京市第二十中学的教育征程》一书的机会，全校同人一起梳理、总结、思考，对脊梁教育有了更深的理解和反思。感谢海淀区教育工作委员会、教育委员会的信任与支持，感谢海淀区教育党校和轻舟教育各位编辑教师予以的大力支持。

感谢为本书撰写付出努力的各位教师，他们是王云松、王丽俐、王晓青、闫立红、孙玉柱、刘晨曦、孙超、关磊、张万祥、陈平、吴玉国、吴刚、李久省、李黎明、李浴振、周阳玢、胡廷峰、曹宇红、谢庆红、鲁爱茹等。

陈恒华

2021年5月